# „Quando la psicologia incontra la spiritualità"

## Un viaggio verso l'armonia tra mente e anima

Romina Nisi

© Copyright 2025 by Romina Nisi
Tutti i diritti riservati. Questo libro è protetto da un certificato di copyright digitale rilasciato da Protect My Work. Nessuna parte di questa pubblicazione può essere riprodotta senza il consenso scritto dell'autore.

Il numero di certificato del servizio di Protect My Work
Certificato n.22111120125S041

ISBN:9798230617587

# „ Quando la psicologia incontra la spiritualità"

# Un viaggio verso l'armonia tra mente e anima

**Contenuti:**

Introduzione ai principi della psicologia e della spiritualità
Punti di incontro tra mente razionale e anima intuitiva
Esercizi di mindfulness e meditazione guidata
Tecniche per bilanciare emozioni e spirito
Testimonianze di trasformazione personale

**Capitoli:**

Psicologia e spiritualità: un binomio possibile
La mente analitica incontra il cuore spirituale
Emozioni come ponte tra psiche e anima
Pratiche per il benessere interiore: tra scienza e fede
Superare i blocchi emotivi con l'energia spirituale
L'autenticità: il punto di convergenza tra mente e spirito
Trasformare il dolore in crescita
La via dell'armonia: strumenti pratici

**Livello:** Intermedio, adatto sia a lettori che hanno già familiarità con la psicologia e la spiritualità, sia a chi si approccia per la prima volta.

**Lettore ideale:**

**Età:** 25-55 anni

**Interessi:** crescita personale, benessere, mindfulness, spiritualità, psicologia

**Bisogni:** trovare un equilibrio tra mente e spirito, comprendere meglio sé stessi, ridurre stress e ansia

**Obiettivi:** sviluppare consapevolezza interiore, trovare pace e armonia, esplorare un approccio integrato al benessere
Pagina di Diario Giornaliero - Avatar Cliente

**Sentimento del giorno:** Calma e apertura verso nuove prospettive

**Riflessioni:** Cosa posso imparare oggi per migliorare il mio equilibrio interiore?

**Obiettivi del giorno:** Applicare un esercizio di mindfulness descritto nel libro

**Esercizi pratici di autovalutazione:**

Diario delle emozioni quotidiane
Riflessioni sui momenti di disconnessione mente-spirito
Tecniche di respirazione consapevole
Risorse aggiuntive per approfondire:

Bibliografia suggerita
Link a meditazioni guidate
Podcast e webinar dell'autrice

**Indice:**

**Introduzione**

Perché psicologia e spiritualità sono connesse
Il potere dell'integrazione

**Capitoli tematici**

La scienza della mente
Il linguaggio dell'anima
Gli archetipi spirituali e il subconscio
Pratiche per il risveglio interiore
Trasformazione e guarigione

**Conclusione:**

Trovare la propria strada verso l'armonia

**Indice dei soggetti:**

Psicologia del profondo
Mindfulness
Meditazione

**Nota:**
Spunti di riflessione e citazioni utili

**Biografia:**
Romina Nisi è una narratrice, appassionata di crescita personale. Con una lunga esperienza

nell'integrazione tra psicologia e spiritualità, ha aiutato tante persone a riscoprire il proprio potenziale interiore.

**Conclusione:**
Il viaggio verso l'armonia tra mente e anima è alla portata di tutti: basta il desiderio di intraprendere il primo passo.

**Ringraziamenti:**
Un grazie speciale a chi ha ispirato e reso possibile questo progetto.

# Introduzione

Nel silenzio della nostra mente, spesso ci troviamo a riflettere su chi siamo e su quale sia il nostro posto nel mondo. È un viaggio che ognuno di noi intraprende, a volte inconsapevolmente, altre volte con una chiara intenzione di crescita personale. In questo libro, ci addentreremo nell'affascinante intreccio tra **psicologia** e **spiritualità**, due mondi che, pur sembrando lontani, condividono un legame profondo e indissolubile.

Immagina la mente come un vasto oceano, in cui le onde rappresentano i nostri pensieri e le nostre emozioni. La psicologia ci offre gli strumenti per navigare in queste acque, aiutandoci a comprendere i meccanismi che governano il nostro comportamento e le nostre reazioni. Dall'altra parte, la spiritualità ci invita a immergerci nelle profondità di questo oceano, scoprendo la **tranquillità** e la **saggezza** che risiedono al di sotto della superficie turbolenta.

Nel corso della mia vita professionale e personale, ho avuto l'opportunità di esplorare entrambi questi ambiti, scoprendo quanto sia arricchente integrarli. La psicologia ci fornisce una base solida e scientifica, mentre la spiritualità ci offre una prospettiva più ampia e intuitiva. Insieme, ci guidano verso un equilibrio che non solo migliora il nostro benessere, ma ci consente anche di vivere in armonia con noi stessi e con gli altri.

Iniziamo questo viaggio con una domanda fondamentale: perché è importante unire psicologia e spiritualità? La risposta risiede nella nostra **natura umana**, complessa e sfaccettata. Siamo esseri razionali, ma anche profondamente intuitivi e spirituali. Ignorare una parte di noi significa vivere una vita incompleta, priva di quella pienezza che cerchiamo istintivamente.

Attraverso le pagine di questo libro, esploreremo come la **consapevolezza** di sé possa essere potenziata dalla meditazione e dalla mindfulness, tecniche che ci aiutano a vivere nel momento presente e a coltivare una connessione più profonda con la nostra anima. Scopriremo come le emozioni, spesso percepite come ostacoli, possano diventare ponti che collegano la nostra mente razionale al cuore spirituale.

Ogni capitolo sarà un passo verso la scoperta di noi stessi, un invito a riflettere e a sperimentare. Non ci sono risposte giuste o sbagliate, solo un percorso personale che ognuno di noi può intraprendere. La mia speranza è che, attraverso questo libro, possiate trovare gli strumenti e l'ispirazione per intraprendere il vostro viaggio verso l'armonia tra mente e anima.

Ricordate, il primo passo è sempre il più difficile, ma anche il più importante. Con un cuore aperto e una mente curiosa, il cammino verso la scoperta di sé diventa non solo possibile, ma anche straordinariamente arricchente.

## Perché unire psicologia e spiritualità?

In un mondo sempre più complesso e in continua evoluzione, molti di noi si trovano a cercare risposte a domande profonde che riguardano il significato della vita, il nostro posto nel mondo e il modo in cui possiamo trovare pace interiore. La **psicologia** e la **spiritualità** offrono due prospettive uniche e complementari per affrontare queste questioni fondamentali.

La psicologia, con il suo approccio scientifico e analitico, ci aiuta a comprendere i meccanismi della mente umana. Attraverso lo studio dei comportamenti, delle emozioni e dei pensieri, possiamo iniziare a svelare i misteri del nostro subconscio e a identificare i modelli che governano le nostre vite quotidiane. Tuttavia, la psicologia da sola può sembrare limitata quando si tratta di esplorare le dimensioni più profonde dell'essere umano.

La spiritualità, d'altro canto, ci invita a guardare oltre il visibile e a connetterci con un livello di esistenza più elevato. Non si tratta necessariamente di religione, ma piuttosto di una ricerca personale di significato e di connessione con qualcosa di più grande di noi stessi. La spiritualità ci incoraggia a esplorare il nostro **mondo interiore**, a cercare la verità e a vivere in armonia con il nostro nucleo essenziale.

Unendo psicologia e spiritualità, possiamo ottenere una comprensione più completa e integrata di noi stessi. Questo approccio olistico ci permette di lavorare sia sulla nostra mente razionale che sulla nostra anima intuitiva, creando un **ponte** tra il pensiero logico e l'intuizione profonda. Quando questi due mondi si incontrano, si aprono nuove possibilità di crescita personale e trasformazione.

Immagina di poter utilizzare le tecniche psicologiche per affrontare le sfide quotidiane, mentre allo stesso tempo coltivi una pratica spirituale che ti aiuta a mantenere la **serenità** e la **consapevolezza**. Questo equilibrio può portare a una vita più soddisfacente e appagante, in cui le difficoltà vengono affrontate con una mente chiara e un cuore aperto.

Inoltre, l'integrazione tra psicologia e spiritualità ci offre strumenti preziosi per superare i **blocchi emotivi** e per guarire le ferite del passato. La consapevolezza spirituale ci permette di vedere oltre il dolore immediato e di trasformarlo in un'opportunità di crescita. Allo stesso modo, le tecniche psicologiche ci forniscono strategie concrete per lavorare sulle nostre emozioni e migliorare il nostro benessere generale.

In definitiva, unire psicologia e spiritualità

significa abbracciare una visione più ampia di noi stessi e del nostro potenziale. È un invito a esplorare il nostro **io autentico**, a vivere con integrità e a costruire un'esistenza che rispecchi veramente chi siamo. Questo viaggio verso l'armonia tra mente e anima è un cammino che ognuno di noi può intraprendere, con la certezza che ogni passo ci avvicina a una comprensione più profonda e a una vita più ricca di significato.

## L'importanza di una visione olistica

Nel nostro cammino verso una comprensione più profonda di noi stessi, l'approccio olistico emerge come un **fondamentale alleato**. Questo approccio non si limita a considerare l'individuo come una somma di parti separate, ma lo vede come un **insieme integrato** di mente, corpo e spirito. La psicologia e la spiritualità, spesso considerate discipline distinte, trovano un terreno comune in questa visione.

Quando parliamo di una visione olistica, ci riferiamo a un modo di osservare e interagire con il mondo che abbraccia la complessità dell'esperienza umana. Non si tratta solo di trattare i sintomi o di risolvere problemi a livello superficiale, ma di **comprendere le cause profonde** che influenzano il nostro benessere. Questo approccio ci invita a esplorare le connessioni tra le nostre emozioni, i nostri pensieri e il nostro stato spirituale.

Un aspetto cruciale di questo viaggio è la **consapevolezza**. La pratica della mindfulness, ad esempio, ci aiuta a sviluppare una maggiore attenzione al momento presente, permettendoci di riconoscere le dinamiche interne che spesso ci sfuggono. Attraverso la meditazione, possiamo entrare in contatto con la nostra parte più profonda, quella che va oltre la mente razionale e si connette con l'intuizione e il cuore.

In un mondo che ci spinge costantemente verso l'esterno, verso l'accumulo di beni materiali e il successo esteriore, l'approccio olistico ci ricorda l'importanza di **ritornare a noi stessi**. Questo non significa allontanarsi dalla realtà, ma piuttosto viverla con una maggiore autenticità e profondità. È un invito a coltivare la nostra interiorità, a nutrire il nostro spirito e a trovare un equilibrio tra ciò che siamo dentro e ciò che esprimiamo fuori.

La **trasformazione personale** non è un processo lineare. Richiede pazienza, dedizione e, soprattutto, la volontà di affrontare le nostre paure e i nostri blocchi. La spiritualità ci offre strumenti per navigare in queste acque, mentre la psicologia ci fornisce le chiavi per comprendere i meccanismi della nostra mente. Insieme, queste due discipline possono guidarci verso una vita più armoniosa e soddisfacente.

In conclusione, l'importanza di una visione olistica

risiede nella sua capacità di **unire** e **integrare** diversi aspetti della nostra esistenza. È un invito a esplorare la nostra natura complessa e a scoprire che la vera armonia nasce dall'accettazione e dalla celebrazione di tutte le parti di noi stessi. Solo allora possiamo veramente iniziare a vivere in sintonia con il nostro vero io e con il mondo che ci circonda.

## Una guida pratica per la crescita personale

Nella ricerca della crescita personale, uno degli aspetti più importanti è **l'autenticità**. Essere autentici significa vivere in accordo con i propri valori e desideri più profondi, senza lasciarsi influenzare eccessivamente dalle aspettative esterne. Questa autenticità non è solo una qualità da ammirare, ma un vero e proprio **strumento di trasformazione**. Quando siamo autentici, ci sentiamo più in pace con noi stessi e possiamo affrontare le sfide della vita con maggiore resilienza.

Un altro elemento chiave per la crescita personale è **l'apertura mentale**. Spesso, ci troviamo intrappolati in schemi di pensiero rigidi che limitano la nostra capacità di vedere nuove possibilità. Coltivare un atteggiamento di apertura ci permette di esplorare nuove idee e prospettive, arricchendo il nostro percorso di crescita. Questo non significa abbandonare ciò in cui crediamo, ma piuttosto essere disposti a riconsiderare le nostre convinzioni alla luce di nuove esperienze.

La pratica della **mindfulness** è un altro strumento potente per la crescita personale. Attraverso la consapevolezza del momento presente, possiamo sviluppare una maggiore comprensione di noi stessi e delle nostre reazioni. La mindfulness ci aiuta a riconoscere i nostri schemi di pensiero automatici e ci offre la possibilità di scegliere risposte più consapevoli e intenzionali. Questa pratica può essere integrata nella vita quotidiana attraverso esercizi di respirazione, meditazione o semplicemente dedicando alcuni minuti al giorno a osservare i propri pensieri e sensazioni senza giudizio.

Non possiamo trascurare l'importanza delle **relazioni** nel nostro percorso di crescita. Le interazioni con gli altri ci offrono opportunità uniche di apprendimento e riflessione. Attraverso le relazioni, possiamo scoprire aspetti di noi stessi che altrimenti rimarrebbero nascosti. È importante coltivare relazioni che siano basate su rispetto e supporto reciproco, poiché queste connessioni possono diventare una fonte inesauribile di ispirazione e forza.

Infine, la **compassione** gioca un ruolo centrale nella crescita personale. Essere compassionevoli verso noi stessi e gli altri ci aiuta a sviluppare una maggiore empatia e a costruire una vita più significativa. La compassione ci insegna a trattarci con gentilezza, soprattutto nei momenti di difficoltà, e a vedere il mondo con occhi più amorevoli.

Intraprendere un percorso di crescita personale richiede **impegno** e **determinazione**, ma i benefici che ne derivano sono incommensurabili. Ogni passo avanti ci avvicina a una versione più autentica e armoniosa di noi stessi, permettendoci di vivere una vita più piena e soddisfacente.

# Parte I:
# Fondamenti

Immagina di trovarti su un sentiero di montagna, dove la nebbia si dirada lentamente, rivelando un paesaggio di rara bellezza. Questo è il viaggio che intraprendi quando esplori la connessione tra **psicologia** e **spiritualità**. Entrambi questi mondi, spesso percepiti come separati, offrono strumenti preziosi per comprendere chi siamo veramente. La psicologia ci fornisce le chiavi per decifrare la mente, mentre la spiritualità ci apre le porte dell'anima.

Nel cuore di questo viaggio, scopriamo che la **mente razionale** e l'**anima intuitiva** non sono in contraddizione, ma piuttosto due facce della stessa medaglia. La psicologia ci insegna a osservare i nostri pensieri e comportamenti, a individuare i pattern che ci limitano. La spiritualità, d'altro canto, ci invita a guardare oltre, a connetterci con una dimensione più profonda e autentica di noi stessi. Insieme, queste discipline ci guidano verso una comprensione più completa e armoniosa del nostro essere.

Considera la tua mente come un giardino. La psicologia ti aiuta a riconoscere le erbacce che impediscono ai fiori di crescere: pensieri negativi, credenze limitanti, emozioni represse. La spiritualità ti insegna a nutrire il terreno, a coltivare la pazienza e la fiducia, a lasciare che la luce interiore illumini il tuo cammino. Entrambi gli approcci sono essenziali per creare un ambiente fertile dove l'anima possa fiorire.

Un aspetto fondamentale di questo percorso è il **riconoscimento delle emozioni**. Le emozioni non sono nemiche da combattere, ma messaggeri da ascoltare. Quando impariamo a riconoscere e accettare le nostre emozioni, creiamo un ponte tra la psiche e l'anima. La pratica della **mindfulness**, ad esempio, ci aiuta a restare presenti, a osservare le nostre reazioni senza giudizio. Attraverso la meditazione, possiamo trovare uno spazio di quiete interiore, dove la mente e lo spirito possono dialogare in armonia.

In questo viaggio, non sei solo. Molti hanno percorso sentieri simili e le loro testimonianze possono essere una fonte di ispirazione e guida. Ascoltare le storie di chi ha trovato la propria strada verso l'armonia interiore può offrirti nuove prospettive e incoraggiarti a continuare il tuo cammino con fiducia.

Ricorda, la chiave è l'**autenticità**. Non c'è un unico modo giusto per integrare psicologia e spiritualità nella tua vita. Ogni individuo è unico e il tuo viaggio sarà personale e irripetibile. Abbraccia la tua unicità e permetti a te stesso di esplorare, sperimentare e crescere. Alla fine, troverai che la vera armonia risiede nell'accettazione di chi sei, in tutta la tua complessità e bellezza.

# Capitolo 1:

# La psicologia dell'essere umano

Nel cuore della psicologia dell'essere umano risiede un misterioso intreccio tra mente e anima, un legame che spesso sfugge alla comprensione razionale ma che, se esplorato, può rivelare profonde verità su chi siamo. Immagina la mente come un vasto oceano, le cui onde rappresentano i pensieri e le emozioni che quotidianamente ci attraversano. Questo oceano è influenzato da venti invisibili, forze spirituali che guidano il nostro cammino, spesso al di là della nostra consapevolezza.

Una volta, durante un viaggio in India, mi trovai a conversare con un saggio monaco buddista. Egli mi raccontò di come, nella loro tradizione, la mente venga vista come un cavallo selvaggio, difficile da domare, mentre lo spirito è il cavaliere che cerca di condurlo verso la pace interiore. Questo racconto mi colpì profondamente, poiché rifletteva la complessità della nostra natura umana: una costante danza tra il caos dei pensieri e la serenità dell'anima.

Per molti, la psicologia dell'essere umano si manifesta nei momenti di crisi, quando le emozioni sembrano prendere il sopravvento. Ricordo un paziente che una volta mi disse: "Sento di essere in una tempesta, ma non vedo il cielo sereno oltre le nuvole". Era un uomo di successo, ma il suo mondo interiore era in tumulto. Attraverso il dialogo e la pratica della **mindfulness**, riuscì a trovare un equilibrio, scoprendo che la chiave per superare le tempeste emotive risiede nella capacità di osservare, senza giudizio, ciò che accade dentro di noi.

La psicologia ci insegna che le emozioni non sono né buone né cattive, ma semplici segnali che ci guidano verso una migliore comprensione di noi stessi. Quando riusciamo a vederle come tali, iniziamo a percepire l'anima come un saggio consigliere che ci parla attraverso il linguaggio del cuore. Questo dialogo interiore è fondamentale per il nostro benessere, e spesso è attraverso la meditazione che possiamo affinare la nostra capacità di ascolto.

Un altro aspetto cruciale della psicologia dell'essere umano è la capacità di trasformare il dolore in crescita. Questa trasformazione non avviene dall'oggi al domani, ma richiede pazienza e compassione verso sé stessi. Una mia cara amica, dopo aver affrontato una grave perdita, trovò conforto nella pratica quotidiana della meditazione, che le permise di accogliere il dolore come parte del suo viaggio spirituale. Da quel dolore, nacque una nuova forza interiore, una rinascita che le permise di vivere con maggiore autenticità.

In conclusione, la psicologia dell'essere umano è un viaggio complesso e affascinante, un cammino che ci invita a esplorare la nostra mente e il nostro spirito con curiosità e apertura. È un invito a scoprire che, nonostante le sfide, dentro di noi esiste una profonda armonia, pronta a emergere se solo siamo disposti ad ascoltarla.

## La mente razionale e l'inconscio

Nella nostra esplorazione della mente razionale e dell'inconscio, è essenziale riconoscere come questi due aspetti della nostra psiche interagiscano e si influenzino reciprocamente. La **mente razionale**, spesso associata alla logica e all'analisi, tende a dominare le nostre decisioni quotidiane. Ci guida attraverso processi di pensiero lineari, aiutandoci a risolvere problemi e a pianificare il nostro futuro. Tuttavia, c'è un altro aspetto della mente che opera in modo meno evidente: l'**inconscio**.

L'inconscio è un vasto serbatoio di emozioni, ricordi e desideri che, sebbene non sempre accessibili alla nostra coscienza, influenzano profondamente il nostro comportamento e le nostre percezioni. Spesso, è nell'inconscio che risiedono le risposte a molte delle nostre domande più profonde. È qui che si nascondono le paure irrazionali, i sogni non realizzati e le intuizioni che possono guidarci verso una maggiore comprensione di noi stessi.

Per molti, l'incontro tra mente razionale e inconscio può sembrare un conflitto. La mente razionale cerca di controllare e spiegare, mentre l'inconscio opera su un livello più intuitivo e simbolico. Tuttavia, quando questi due aspetti della mente lavorano in armonia, si può raggiungere un livello di consapevolezza superiore. Questo equilibrio è fondamentale per il nostro **benessere interiore** e per il nostro viaggio verso l'autenticità.

Uno strumento potente per facilitare questo dialogo interno è la **meditazione**. Attraverso la pratica meditativa, possiamo calmare la mente razionale e permettere all'inconscio di emergere. In questo spazio di quiete, possiamo ascoltare le voci sottili del nostro io interiore, riconoscendo i modelli di pensiero che ci limitano e aprendo la strada a nuove possibilità.

Un altro approccio efficace è l'uso di **tecniche di visualizzazione**. Immaginare scenari positivi e desiderati può aiutare a sbloccare l'energia creativa dell'inconscio, permettendo alla mente razionale di trovare soluzioni innovative e fuori dagli schemi. Questo processo non solo favorisce la crescita personale, ma stimola anche un senso di pace e realizzazione.

In conclusione, l'incontro tra mente razionale e

inconscio non deve essere visto come una battaglia, ma piuttosto come una **danza** armoniosa. Accettare e integrare questi due aspetti della nostra psiche ci consente di vivere in modo più autentico e consapevole, aprendo la strada a un'esistenza più ricca e soddisfacente.

## Emozioni e pensieri: come influenzano la nostra realtà

Le emozioni e i pensieri sono come il vento e le onde: a volte si muovono in armonia, altre volte si scontrano, creando turbolenze nella nostra vita interiore. Comprendere come questi elementi influenzano la nostra realtà è fondamentale per intraprendere un cammino di crescita personale e spirituale.

In primo luogo, è importante riconoscere che le **emozioni** non sono semplici reazioni istintive, ma potenti messaggeri che ci forniscono informazioni preziose sul nostro stato interiore. Quando ci sentiamo tristi, arrabbiati o felici, il nostro corpo e la nostra mente stanno comunicando con noi, invitandoci a esplorare la causa di queste sensazioni. Ignorare o reprimere le emozioni può portare a blocchi energetici che ostacolano il nostro benessere.

D'altra parte, i **pensieri** sono come il filo che tesse la nostra percezione del mondo. Essi possono essere alleati nella creazione di una vita appagante o, al contrario, diventare ostacoli che ci limitano. I pensieri negativi, ripetitivi e ossessivi possono influenzare il nostro umore, creando un circolo vizioso in cui le emozioni negative alimentano pensieri altrettanto negativi.

Per rompere questo ciclo, è utile sviluppare la capacità di osservare i nostri pensieri e le nostre emozioni con **consapevolezza**. La pratica della mindfulness, ad esempio, ci insegna a rimanere presenti nel momento, accogliendo senza giudizio ciò che emerge nel nostro spazio interiore. Attraverso la meditazione, possiamo imparare a lasciare andare i pensieri che non ci servono più e a coltivare quelli che ci supportano nel nostro percorso di crescita.

Un altro aspetto cruciale è il **dialogo interiore**. Spesso, le parole che utilizziamo per parlare a noi stessi influenzano profondamente il nostro stato emotivo. Sostituire un linguaggio critico e giudicante con uno più compassionevole e incoraggiante può trasformare la nostra esperienza quotidiana, promuovendo un senso di pace e accettazione.

Infine, è essenziale ricordare che le emozioni e i pensieri non sono nemici da combattere, ma parti di noi da comprendere e integrare. Accettare la loro presenza, esplorare le radici delle nostre reazioni e lavorare per trasformare ciò che ci limita in opportunità di crescita è un passo fondamentale verso l'armonia tra mente e anima. Con pazienza e pratica, possiamo imparare a navigare le acque della nostra interiorità con maggiore serenità e consapevolezza.

## Le basi del benessere psicologico

Nel nostro percorso verso l'armonia tra mente e anima, è essenziale comprendere le **basi del benessere psicologico**. Questo concetto si fonda su alcuni pilastri fondamentali che, se coltivati con attenzione, possono portare a una vita più equilibrata e soddisfacente.

Innanzitutto, la **consapevolezza di sé** rappresenta un aspetto cruciale. Essere consapevoli dei propri pensieri, emozioni e comportamenti ci permette di identificare i modelli che ci limitano e di lavorare per modificarli. La consapevolezza di sé è il primo passo verso una trasformazione autentica, poiché ci offre la possibilità di scegliere consapevolmente come reagire alle situazioni della vita.

Un altro elemento fondamentale è la **gestione delle emozioni**. Spesso, le emozioni possono sembrare travolgenti, ma imparare a gestirle in modo efficace è essenziale per il benessere psicologico. Tecniche come la **mindfulness** e la **meditazione** possono essere strumenti potenti per osservare le emozioni senza giudizio, permettendoci di rispondere in modo più equilibrato e meno reattivo.

La **resilienza** è un altro pilastro del benessere. La

capacità di affrontare le avversità e di adattarsi ai cambiamenti è fondamentale per mantenere un equilibrio interiore. La resilienza può essere coltivata attraverso pratiche quotidiane che rafforzano la nostra capacità di recupero, come il mantenimento di relazioni positive e il prendersi cura del proprio corpo.

Infine, non possiamo trascurare l'importanza del **senso di scopo**. Avere una direzione chiara e obiettivi significativi può dare alla nostra vita un senso di significato e motivazione. Quando ci sentiamo parte di qualcosa di più grande, siamo in grado di affrontare le sfide con maggiore determinazione e ottimismo.

Nel contesto di questo libro, esploreremo come questi pilastri del benessere psicologico si intersecano con la spiritualità, creando una sinergia che può guidarci verso una vita più completa e realizzata. Attraverso esercizi pratici e riflessioni, avrai l'opportunità di approfondire la tua comprensione di te stesso e di sviluppare strumenti per coltivare il tuo benessere interiore.

Ricorda, il viaggio verso il benessere psicologico non è lineare e richiede pazienza e dedizione. Ogni piccolo passo che compi verso una maggiore consapevolezza e gestione delle emozioni è un passo verso una vita più armoniosa e appagante.

## Capitolo 2:
## La spiritualità spiegata

Quando ci addentriamo nel mondo della **spiritualità**, spesso ci troviamo di fronte a un universo di significati che può sembrare sfuggente e complesso. Tuttavia, la spiritualità non è altro che un viaggio personale verso la comprensione di sé stessi e del mondo che ci circonda. È un cammino che ci invita a esplorare le dimensioni più profonde della nostra esistenza, al di là delle apparenze e delle convenzioni sociali.

Immagina di camminare lungo un sentiero di montagna. L'aria è fresca, il paesaggio è mozzafiato e ogni passo ti avvicina sempre di più alla vetta. La spiritualità è un po' come questo viaggio: un'esplorazione che richiede tempo, pazienza e apertura mentale. Non ci sono mappe precise o percorsi predefiniti, ma solo la tua **intuizione** e il tuo desiderio di scoprire cosa si cela oltre l'orizzonte.

Una delle prime cose che possiamo fare per avvicinarci alla spiritualità è **ascoltare**. Ascoltare il nostro cuore, le nostre emozioni e le nostre intuizioni. Questo ascolto profondo ci permette di connetterci con la nostra essenza più autentica, quella parte di noi che spesso rimane nascosta dietro il rumore della vita quotidiana. Quando ci fermiamo ad ascoltare, iniziamo a percepire una nuova forma di **consapevolezza**, una connessione con qualcosa di più grande di noi.

Un altro aspetto fondamentale della spiritualità è la **pratica**. Sia che si tratti di meditazione, preghiera o contemplazione, queste pratiche ci aiutano a coltivare un senso di pace interiore e di equilibrio. Attraverso la pratica, impariamo a lasciar andare le tensioni e a vivere nel momento presente, accettando ciò che è senza giudizio. Questo stato di presenza ci avvicina alla nostra vera natura, permettendoci di vivere in armonia con noi stessi e con gli altri.

La spiritualità ci invita anche a riflettere sul nostro **scopo** nella vita. Cosa ci rende veramente felici? Quali sono i nostri valori più profondi? Queste domande ci guidano nella ricerca di un significato più ampio, aiutandoci a vivere una vita più autentica e appagante. Quando siamo allineati con il nostro scopo, ogni azione diventa un'espressione della nostra essenza, e la vita stessa diventa una forma di meditazione.

Infine, è importante ricordare che la spiritualità è un viaggio personale e unico. Non ci sono regole fisse o risposte definitive. Ognuno di noi è chiamato a trovare il proprio cammino, seguendo la propria **verità** interiore. E in questo viaggio, non siamo mai soli. La spiritualità ci connette con gli altri e con l'universo, creando una rete di amore e comprensione che ci sostiene lungo il cammino.

## Il significato della spiritualità nella vita moderna

Nel contesto della vita moderna, spesso ci troviamo immersi in un vortice di impegni, responsabilità e distrazioni che ci allontanano dalla nostra essenza più profonda. In questo scenario, la **spiritualità** emerge come un faro di luce che ci guida verso una comprensione più autentica di noi stessi e del mondo che ci circonda. Ma cosa significa realmente abbracciare la spiritualità oggi?

La spiritualità, in un'epoca caratterizzata dalla tecnologia e dalla velocità, non è un ritorno nostalgico a pratiche antiche, ma piuttosto un invito a riscoprire la **connessione** con il nostro io interiore. È un percorso che ci invita a fermarci, a respirare e a riflettere su ciò che è veramente significativo nella nostra esistenza. In questo viaggio, la spiritualità diventa un mezzo per coltivare la **consapevolezza** e la presenza nel momento presente.

In molti, la spiritualità moderna si manifesta attraverso pratiche come la **meditazione** e la **mindfulness**, che ci aiutano a sviluppare una maggiore attenzione e a vivere con intenzione. Queste pratiche non sono riservate a pochi eletti, ma sono accessibili a chiunque desideri esplorare il proprio mondo interiore. La meditazione, ad esempio, non richiede altro che un po' di tempo e uno spazio tranquillo, dove possiamo chiudere gli occhi e osservare il flusso dei nostri pensieri senza giudizio.

Inoltre, la spiritualità nella vita moderna ci invita a considerare il rapporto con gli altri e con l'ambiente in cui viviamo. Essa promuove un senso di **unità** e di interconnessione, ricordandoci che non siamo isolati, ma parte di un tutto più grande. Questa prospettiva ci spinge a coltivare la **compassione** e la **gentilezza** nei confronti di noi stessi e degli altri, contribuendo a creare una società più armoniosa e rispettosa.

Un altro aspetto fondamentale della spiritualità contemporanea è la ricerca di un **significato** più profondo nelle nostre azioni quotidiane. Invece di vivere in modalità automatica, siamo incoraggiati a chiederci: "Qual è lo scopo di ciò che sto facendo?" Questa domanda ci aiuta a riallineare le nostre scelte con i nostri valori più autentici, portando maggiore soddisfazione e realizzazione personale.

Infine, la spiritualità nella vita moderna è un invito a esplorare la nostra **creatività** e a esprimere la nostra unicità. Attraverso l'arte, la musica, la scrittura o altre forme di espressione, possiamo dare voce alla nostra anima e connetterci con gli altri a un livello più profondo. In questo modo, la spiritualità diventa un viaggio di scoperta e di crescita continua, che ci accompagna lungo il cammino della vita.

## La connessione con l'anima e l'universo

Nel nostro viaggio verso l'armonia tra mente e anima, uno degli aspetti più affascinanti è la **connessione con l'anima** e l'universo. Questa connessione non è solo un concetto astratto, ma una realtà che possiamo sperimentare nella nostra vita quotidiana. L'anima è quella parte di noi che trascende il tempo e lo spazio, che ci collega a qualcosa di più grande e profondo.

Spesso, nella frenesia della vita moderna, ci sentiamo disconnessi da questa parte essenziale di noi stessi. Ciò accade perché siamo troppo concentrati sulla nostra mente razionale, dimenticando che la nostra anima comunica attraverso **sensazioni**, **intuitività** e **emozioni**. Per ristabilire questa connessione, è fondamentale imparare ad ascoltare il nostro cuore e a fidarci delle nostre intuizioni.

Un modo per rafforzare questa connessione è attraverso la **meditazione** e la **mindfulness**. Queste pratiche ci aiutano a calmare la mente, permettendo all'anima di emergere e di guidarci. Quando meditiamo, creiamo uno spazio di silenzio interiore dove possiamo ascoltare la voce della nostra anima. In questo spazio, possiamo percepire il legame che ci unisce all'universo e trovare risposte che la mente razionale non riesce a fornire.

Un altro aspetto cruciale è la **consapevolezza** delle nostre emozioni. Le emozioni sono il linguaggio dell'anima e ci indicano ciò che è veramente importante per noi. Imparare a riconoscere e a gestire le emozioni ci permette di avvicinarci di più alla nostra essenza spirituale. In questo processo, la pratica del **diario delle emozioni** può essere un valido strumento per esplorare ciò che proviamo e per comprendere meglio le nostre reazioni.

Inoltre, la connessione con l'universo si manifesta anche attraverso i **sincronicità** e i **segni** che riceviamo. Questi eventi ci ricordano che non siamo soli e che c'è una forza più grande che ci guida. Prestare attenzione a questi segnali e interpretarli con il cuore aperto ci permette di vivere in armonia con il flusso dell'universo.

Infine, è importante coltivare un **senso di meraviglia** e di **gratitudine** per tutto ciò che ci circonda. Quando riconosciamo la bellezza e la perfezione dell'universo, ci apriamo a una dimensione più profonda della nostra esistenza. La gratitudine ci aiuta a mantenere viva la connessione con l'anima e a vivere ogni giorno come un'opportunità per crescere e trasformarci.

In sintesi, la connessione con l'anima e l'universo è un cammino di scoperta continua. Richiede

**attenzione**, **ascolto** e **apertura** verso l'invisibile. È un viaggio che ci conduce verso una comprensione più profonda di noi stessi e del nostro posto nel mondo.

# Spiritualità e religione: somiglianze e differenze

Quando si parla di **spiritualità** e **religione**, spesso si tende a confonderle o a usarle come sinonimi. Tuttavia, pur condividendo alcune similitudini, rappresentano concetti distinti e profondamente significativi. La spiritualità è un'esperienza personale e intima, spesso caratterizzata da una ricerca di connessione con qualcosa di più grande di sé stessi. Può manifestarsi attraverso la meditazione, la contemplazione della natura o l'esplorazione del proprio mondo interiore. La religione, invece, è solitamente una struttura organizzata di credenze e pratiche condivise da una comunità, che spesso si basa su testi sacri e rituali collettivi.

Una delle principali **somiglianze** tra spiritualità e religione è il desiderio di trovare un significato più profondo nella vita e di comprendere il nostro posto nell'universo. Entrambe offrono strumenti per affrontare le grandi domande dell'esistenza, come il senso della vita, la morte e la natura del divino. Inoltre, sia la spiritualità che la religione possono fornire conforto e guida nei momenti di difficoltà, aiutandoci a navigare nelle complessità dell'esistenza umana.

Tuttavia, le **differenze** tra i due concetti sono altrettanto importanti. La spiritualità è spesso vista come un percorso più personale e flessibile, che permette un'esplorazione individuale senza la necessità di aderire a dogmi o dottrine specifiche. Questo può renderla più accessibile a chi cerca un'esperienza di crescita interiore libera da vincoli istituzionali. Al contrario, la religione fornisce un quadro strutturato di credenze e pratiche, che può offrire un senso di appartenenza e comunità. Per molti, la religione rappresenta una fonte di identità culturale e sociale, oltre che spirituale.

Un altro aspetto rilevante è come la **spiritualità** e la **religione** affrontano il concetto di divinità. Nella spiritualità, la divinità può essere intesa in modo più ampio e personale, come una forza universale o un'energia che pervade tutto ciò che esiste. La religione, invece, spesso definisce la divinità in termini più specifici, attraverso figure divine e narrazioni sacre che guidano le pratiche e le credenze dei suoi seguaci.

In sintesi, mentre la spiritualità e la religione possono sovrapporsi e interagire in molti modi, ciascuna offre un percorso unico verso la comprensione di noi stessi e del mondo che ci circonda. Riconoscere e rispettare queste differenze può arricchire il nostro viaggio personale verso l'armonia tra mente e anima, permettendoci di integrare aspetti di entrambe le dimensioni nella nostra ricerca di significato e benessere interiore.

Capitolo 3:

# I punti di incontro tra psicologia e spiritualità

In un pomeriggio di primavera, mentre il sole filtrava attraverso le tende della mia stanza, mi sono ritrovata a riflettere su come la **psicologia** e la **spiritualità** si intreccino nel tessuto della nostra esistenza. Spesso, viviamo le nostre vite come se queste due dimensioni fossero separate, come se la mente e l'anima fossero in costante dialogo ma mai in sintonia. Eppure, c'è un punto di incontro, un luogo dove la razionalità della mente abbraccia la saggezza dell'anima.

Immagina di camminare in un giardino, circondato dal profumo dei fiori e dal canto degli uccelli. In questo spazio, la tua mente trova pace e la tua anima si sente a casa. Questo giardino è una metafora per il nostro mondo interiore, dove la psicologia ci aiuta a comprendere le dinamiche della nostra mente e la spiritualità ci guida verso una connessione più profonda con il nostro essere. È qui che incontriamo il concetto di **consapevolezza**, un ponte tra il pensiero razionale e l'intuizione spirituale.

La consapevolezza non è altro che l'arte di essere presenti, di vivere ogni momento con attenzione e apertura. Quando pratichiamo la consapevolezza, ci apriamo alla possibilità di vedere oltre le apparenze, di percepire la bellezza nascosta nella quotidianità. È come se, attraverso un semplice respiro, potessimo accedere a una dimensione più vasta del nostro essere. Questo è il punto in cui la psicologia incontra la spiritualità: nella capacità di **trascendere** i limiti della mente per abbracciare l'infinità dell'anima.

Ricordo un incontro con un amico, un terapeuta che aveva dedicato la sua vita a esplorare questo legame. Mi raccontava di come, durante le sue sessioni, spesso incoraggiava i suoi pazienti a esplorare il loro mondo interiore attraverso la meditazione. "È sorprendente," mi disse, "come un semplice esercizio di respirazione possa portare una persona a scoprire verità nascoste, a trovare risposte che la mente razionale non riesce a cogliere." In quel momento, ho compreso che la **trasformazione** personale avviene quando permettiamo alla mente e all'anima di lavorare insieme, in armonia.

La nostra società spesso ci spinge a scegliere tra scienza e fede, tra logica e intuizione. Ma in realtà, non dobbiamo scegliere. Possiamo abbracciare entrambi, permettendo che si arricchiscano a vicenda. Quando la psicologia e la spiritualità si incontrano, creano un **equilibrio** che ci guida verso una vita più piena e autentica.

Il viaggio verso questa integrazione è unico per

ciascuno di noi, ma il primo passo è sempre lo stesso: aprire il cuore e la mente alla possibilità che la vera crescita avviene quando accettiamo di essere sia mente che anima, in un'unica danza armoniosa.

## Il potere della consapevolezza

Nel nostro viaggio verso l'armonia interiore, la **consapevolezza** gioca un ruolo cruciale. Essa rappresenta la capacità di essere presenti nel momento, di osservare con attenzione ciò che accade dentro e fuori di noi, senza giudizio. Questa pratica ci permette di entrare in contatto con la nostra vera essenza, di comprendere meglio le nostre emozioni e i pensieri che spesso influenzano il nostro comportamento.

La consapevolezza è come una lente che ci aiuta a vedere con chiarezza ciò che spesso sfugge alla nostra attenzione. Ci invita a fermarci, a respirare e a osservare. In un mondo frenetico, dove siamo costantemente bombardati da stimoli esterni, trovare il tempo per essere consapevoli può sembrare un lusso. Tuttavia, è in questi momenti di **presenza** che possiamo scoprire una profonda pace interiore.

Un esercizio semplice per coltivare la consapevolezza è la pratica della **meditazione**. Non è necessario sedersi per ore in posizione del loto; bastano pochi minuti al giorno. Trova un posto tranquillo, chiudi gli occhi e concentra l'attenzione sul tuo respiro. Nota come l'aria entra e esce dai polmoni, senza cercare di modificarne il ritmo. Quando la mente si distrae, gentilmente riportala al respiro. Questo semplice atto di attenzione può avere un impatto significativo sulla tua vita quotidiana.

La consapevolezza può anche essere applicata alle attività quotidiane. Quando mangi, presta attenzione ai sapori, alle texture e ai profumi del cibo. Quando cammini, senti il contatto dei piedi con il suolo, il movimento del corpo. Questi momenti di consapevolezza possono trasformare attività banali in esperienze ricche e significative.

Oltre alla meditazione e alle attività quotidiane, un altro strumento potente è il **diario delle emozioni**. Scrivere regolarmente ciò che provi può aiutarti a riconoscere schemi emotivi ricorrenti e a comprendere meglio le cause profonde delle tue reazioni. Questo processo di auto-riflessione è fondamentale per sviluppare una maggiore consapevolezza di sé.

In sintesi, la consapevolezza non è solo un'abilità da sviluppare, ma un modo di vivere. È un invito a rallentare, a essere presenti e a connettersi con la propria interiorità. Attraverso la consapevolezza, possiamo iniziare a trasformare le nostre vite, trovando un equilibrio tra mente e spirito, e aprendo la strada a una crescita personale e spirituale autentica.

# La trasformazione interiore attraverso la mindfulness

La trasformazione interiore è un processo che richiede pazienza e dedizione, e la pratica della **mindfulness** può essere uno strumento potente in questo viaggio. Quando ci avviciniamo alla mindfulness, ci avviciniamo alla capacità di essere pienamente presenti nel momento, di osservare senza giudizio ciò che accade dentro e fuori di noi. Questa pratica ci aiuta a sviluppare una maggiore consapevolezza delle nostre emozioni, dei nostri pensieri e delle nostre reazioni, permettendoci di comprendere meglio la nostra vera natura.

Uno dei primi passi verso la trasformazione interiore attraverso la mindfulness è l'accettazione. Spesso ci troviamo a lottare contro aspetti di noi stessi che non ci piacciono o che riteniamo inadeguati. La mindfulness ci insegna ad accogliere questi aspetti con **compassione** e senza giudizio. Quando accettiamo noi stessi per come siamo, apriamo la porta al cambiamento. Non si tratta di rassegnazione, ma di creare uno spazio sicuro dentro di noi dove il cambiamento può avvenire naturalmente.

Un altro aspetto fondamentale della mindfulness è la **consapevolezza del respiro**. Il respiro è un ancoraggio potente che ci riporta al momento presente. Quando ci sentiamo sopraffatti dalle emozioni o dai pensieri, possiamo tornare al nostro respiro, osservandolo senza cercare di modificarlo. Questo semplice atto di attenzione può aiutarci a distaccarci dalle nostre reazioni automatiche e a rispondere alle situazioni con maggiore calma e lucidità.

La mindfulness ci invita anche a esplorare il nostro mondo interiore con curiosità. Invece di evitare emozioni difficili come la rabbia o la tristezza, possiamo imparare a osservarle con interesse, chiedendoci cosa ci stanno comunicando. Ogni emozione ha una storia da raccontare e, ascoltandola, possiamo scoprire bisogni insoddisfatti o desideri nascosti che richiedono la nostra attenzione.

Infine, la pratica regolare della mindfulness ci aiuta a sviluppare una maggiore **resilienza**. Quando siamo consapevoli dei nostri pensieri e delle nostre emozioni, siamo meno inclini a essere travolti da essi. Impariamo a navigare le sfide della vita con una mente più aperta e un cuore più leggero, trasformando le difficoltà in opportunità di crescita personale.

In conclusione, la mindfulness non è solo una pratica, ma un modo di vivere che ci guida verso una trasformazione interiore profonda. Ci invita a essere presenti, a essere gentili con noi stessi e a esplorare la nostra esperienza con apertura e curiosità. È un viaggio verso l'armonia tra mente e anima, un viaggio che può portare a una vita più piena e significativa.

# Come scienza e fede collaborano per il benessere

Nel nostro viaggio verso il benessere, spesso ci troviamo di fronte a un bivio: da un lato, le certezze della **scienza**; dall'altro, le profondità inesplorate della **fede**. Tuttavia, anziché vederle come opposte, possiamo considerarle come due alleate che si intrecciano per guidarci verso una vita più equilibrata e appagante. La scienza ci offre strumenti concreti e metodi basati su prove per comprendere la nostra mente e il nostro corpo. Attraverso studi e ricerche, possiamo acquisire una comprensione più profonda dei meccanismi psicologici che regolano le nostre emozioni, i nostri pensieri e i nostri comportamenti.

D'altra parte, la fede ci invita a esplorare il regno dell'intuizione e della spiritualità. Ci incoraggia a fidarci di ciò che non può essere misurato o spiegato attraverso i metodi scientifici tradizionali. È un invito a connetterci con qualcosa di più grande di noi stessi, che può offrirci conforto, guida e ispirazione nei momenti di difficoltà.

Quando scienza e fede collaborano, creano un **approccio integrato** al benessere che non solo riconosce l'importanza di entrambe le dimensioni, ma le utilizza in modo complementare. Ad esempio, pratiche come la **mindfulness** e la **meditazione** sono state studiate scientificamente e dimostrate efficaci nel ridurre lo stress e migliorare il benessere psicologico. Allo stesso tempo, queste pratiche ci connettono con il nostro sé più profondo e con una dimensione spirituale che va oltre il tangibile.

La scienza può aiutarci a comprendere i benefici fisiologici della meditazione, come la riduzione della pressione sanguigna e il miglioramento della concentrazione. La fede, invece, ci permette di attribuire un significato più profondo a queste pratiche, vedendole come un mezzo per raggiungere l'armonia interiore e la connessione con l'universo.

Un altro esempio di questa collaborazione è rappresentato dalle **tecniche di respirazione consapevole**, che sono state studiate per la loro efficacia nel regolare le emozioni e promuovere la calma. Queste tecniche, sebbene possano essere spiegate scientificamente, ci invitano anche a entrare in contatto con il nostro respiro come simbolo del flusso della vita e della nostra connessione con il mondo.

In sintesi, quando permettiamo a scienza e fede di dialogare, creiamo uno spazio in cui il benessere non è solo una questione di salute fisica e mentale, ma anche di crescita spirituale e realizzazione personale. In questo modo, possiamo intraprendere un **cammino di trasformazione** che ci porta a vivere in armonia con noi stessi e con gli altri, trovando un equilibrio che arricchisce ogni aspetto della nostra esistenza.

## Parte II:
## Strumenti pratici per l'integrazione

Immagina di essere in un giardino, un luogo dove la natura si esprime in tutta la sua bellezza. Ogni pianta, ogni fiore, è un simbolo del nostro mondo interiore, un richiamo a quella parte di noi che spesso dimentichiamo di coltivare. In questo giardino, la psicologia e la spiritualità si intrecciano come radici di un albero antico, offrendo strumenti preziosi per l'**integrazione** della mente e dell'anima.

Quando parliamo di strumenti pratici, non ci riferiamo a oggetti tangibili, ma a pratiche che possono trasformare la nostra vita quotidiana. Un esempio è il **mindfulness**, che ci invita a vivere il presente con consapevolezza. Immagina di sederti in silenzio, chiudere gli occhi e concentrarti sul tuo respiro. Questo semplice atto può aprire la porta a una comprensione più profonda di te stesso, aiutandoti a riconoscere e accettare le tue emozioni senza giudizio.

Un altro strumento potente è la **meditazione guidata**. Attraverso essa, possiamo esplorare i nostri mondi interiori, scoprendo paesaggi nascosti della nostra psiche. Pensa a un viaggio in cui incontri il tuo sé autentico, libero dalle maschere che indossiamo nella vita di tutti i giorni. Questa pratica non solo calma la mente, ma nutre anche l'anima, creando un ponte tra la nostra natura razionale e quella intuitiva.

Le **emozioni** giocano un ruolo cruciale nel nostro cammino verso l'armonia. Sono come messaggeri che ci indicano ciò che necessita attenzione e cura. Spesso, tendiamo a reprimere le emozioni negative, ma è proprio attraverso la loro accettazione che possiamo trasformarle in strumenti di crescita. Impara a dialogare con le tue emozioni, come faresti con un amico caro, ascoltando ciò che hanno da dirti.

Infine, la pratica della **gratitudine** può rivoluzionare il nostro modo di percepire la vita. Ogni giorno, cerca di trovare almeno tre cose per cui essere grato. Questo semplice esercizio non solo migliora il nostro umore, ma ci aiuta a sviluppare una prospettiva positiva e aperta verso il mondo.

Questi strumenti, se utilizzati con costanza e dedizione, possono guidarci verso una vita più equilibrata e armoniosa. Ricorda che il viaggio verso l'integrazione è personale e unico per ognuno di noi. Non esiste una strada giusta o sbagliata, ma solo il cammino che scegliamo di percorrere con consapevolezza e amore per noi stessi.

# Capitolo 4:

# Tecniche di mindfulness e meditazione

Immagina di trovarti in un tranquillo giardino, circondato dal suono gentile delle foglie mosse dal vento e dal canto degli uccelli. Questo è il luogo ideale per iniziare il nostro viaggio nel mondo della **mindfulness** e della **meditazione**. Queste pratiche, antiche quanto l'umanità stessa, ci offrono strumenti preziosi per esplorare il nostro universo interiore e trovare un equilibrio tra mente e spirito.

La **mindfulness**, o consapevolezza, è l'arte di essere presenti nel momento attuale, senza giudizio. È un invito a osservare i nostri pensieri e le nostre emozioni con curiosità, come se fossimo spettatori della nostra stessa vita. Immagina di sederti in silenzio, concentrandoti sul tuo respiro. Ogni inspirazione e ogni espirazione diventano un'ancora che ti tiene saldo nel presente, allontanando le distrazioni e i pensieri che affollano la mente.

La meditazione, invece, è un viaggio più profondo. È un'opportunità per esplorare le profondità della nostra anima, per connetterci con quella parte di noi che spesso ignoriamo nella frenesia quotidiana. Esistono molte forme di meditazione, ma ognuna di esse ci guida verso una maggiore comprensione di chi siamo veramente. Può trattarsi di una meditazione guidata, dove la voce di un maestro ci accompagna lungo un percorso di visualizzazione, oppure di una meditazione silenziosa, dove ci immergiamo nel silenzio e lasciamo che la nostra mente si calmi naturalmente.

Un aspetto fondamentale di queste pratiche è la loro capacità di aiutarci a gestire le **emozioni**. Quando siamo consapevoli, possiamo osservare le emozioni che sorgono dentro di noi, riconoscendole senza farci travolgere. Questo ci permette di rispondere invece di reagire, di scegliere come agire in ogni situazione. La meditazione, d'altro canto, ci offre un rifugio dove possiamo elaborare le nostre emozioni più profonde, trasformando il dolore e la sofferenza in crescita e comprensione.

Un racconto di un caro amico mi viene in mente. Era un uomo che, dopo una vita di stress e ansia, ha trovato nella meditazione un porto sicuro. Ogni mattina, si sedeva nel suo giardino, chiudeva gli occhi e semplicemente **respirava**. Con il tempo, ha scoperto una pace interiore che non credeva possibile. La sua storia è un esempio di come queste pratiche possano trasformare la nostra vita, portandoci verso un cammino di armonia e serenità.

In questo viaggio, ricorda che non esiste un modo giusto o sbagliato di praticare la mindfulness o la meditazione. Ogni passo che fai è un passo verso una maggiore consapevolezza e una più profonda connessione con te stesso. Abbraccia il processo e lascia che la tua anima ti guidi verso la pace interiore.

## Introduzione alla mindfulness

La mindfulness è un concetto che può sembrare complesso, ma in realtà si basa su un principio molto semplice: **essere presenti**. Viviamo in un mondo che ci spinge continuamente a pensare al futuro o a rimuginare sul passato, dimenticando spesso di vivere il momento presente. La mindfulness ci invita a **fermarsi**, a **respirare** e a osservare ciò che accade dentro e fuori di noi senza giudizio.

Immagina di camminare in un bosco. Il profumo degli alberi, il suono delle foglie sotto i tuoi piedi, la brezza che accarezza il tuo viso. Essere consapevoli di questi dettagli è un esempio di mindfulness. Non si tratta solo di **notare** queste esperienze, ma di viverle pienamente, con una mente aperta e ricettiva.

Uno degli strumenti più potenti per coltivare la mindfulness è la **meditazione**. Non è necessario sedersi per ore in posizione del loto; bastano pochi minuti al giorno per iniziare a sentire i benefici. La chiave è la **costanza**. Inizia con pochi respiri profondi, focalizzandoti sull'aria che entra e esce dal tuo corpo. Quando la tua mente inizia a vagare, riportala gentilmente al respiro. Questo semplice esercizio ti aiuterà a sviluppare una maggiore consapevolezza del momento presente.

La pratica della mindfulness può avere un impatto profondo sulla nostra vita quotidiana. Può aiutarci a **ridurre lo stress**, a migliorare la nostra **concentrazione** e a rafforzare la nostra capacità di affrontare le sfide con calma e lucidità. Inoltre, ci permette di entrare in contatto con le nostre **emozioni** in modo più sano, riconoscendole e accettandole senza lasciarci sopraffare.

Un altro aspetto importante della mindfulness è la **gentilezza verso sé stessi**. Spesso siamo i nostri critici più severi, ma la mindfulness ci insegna a trattarci con la stessa compassione che riserviamo agli altri. Questo atteggiamento di accettazione e gentilezza può trasformare il nostro rapporto con noi stessi, promuovendo una maggiore autostima e benessere interiore.

In conclusione, la mindfulness è un viaggio di **scoperta** e **trasformazione**. Non si tratta di cambiare chi siamo, ma di conoscere meglio noi stessi e il mondo che ci circonda. Attraverso la pratica costante, possiamo imparare a vivere ogni momento con maggiore consapevolezza e gratitudine, aprendo la porta a una vita più **serena** e **appagante**.

# Pratiche quotidiane per calmare la mente

In un mondo che sembra correre sempre più veloce, trovare momenti di **pace interiore** diventa essenziale per il nostro benessere. Le pratiche quotidiane che mirano a calmare la mente non solo ci aiutano a gestire lo stress, ma ci avvicinano anche alla nostra dimensione spirituale. Iniziamo questo viaggio con alcuni suggerimenti semplici ma efficaci.

Uno dei metodi più accessibili è la **respirazione consapevole**. Questo esercizio non richiede attrezzature particolari e può essere praticato ovunque. Trova un posto tranquillo, siediti comodamente e chiudi gli occhi. Inizia a respirare profondamente, focalizzandoti sull'aria che entra e esce dai tuoi polmoni. Ogni respiro diventa un'opportunità per ancorarti al presente, allontanando pensieri intrusivi e preoccupazioni.

Un'altra pratica utile è la **meditazione guidata**. Esistono molte risorse online, come podcast e video, che possono aiutarti a iniziare. La meditazione guidata ti aiuta a dirigere la tua attenzione verso immagini o suoni specifici, facilitando il rilassamento della mente. Dedica almeno dieci minuti al giorno a questa pratica e noterai come la tua mente diventerà più calma e centrata.

La **gratitudine quotidiana** è un'altra pratica

potente. Ogni sera, prima di andare a dormire, prendi un quaderno e scrivi tre cose per cui sei grato. Questo semplice esercizio ti aiuta a spostare il focus dai problemi alle cose positive della tua vita, favorendo una mentalità più serena e positiva.

Non dimenticare l'importanza del **movimento consapevole**. Attività come lo yoga o il tai chi combinano movimento fisico e attenzione mentale, aiutandoti a rilasciare tensioni accumulate e a ristabilire un equilibrio interiore. Anche una semplice passeggiata nella natura, se fatta con consapevolezza, può avere un effetto calmante sulla mente.

Infine, considera l'uso di **affermazioni positive**. Inizia la tua giornata con frasi che ti ispirano e ti motivano. Ripetile a te stesso con convinzione, permettendo che il loro significato si radichi profondamente nella tua coscienza. Le affermazioni possono trasformare il tuo dialogo interiore, portando maggiore serenità e fiducia.

Integrando queste pratiche nella tua routine quotidiana, non solo calmerai la tua mente, ma aprirai anche la porta a una connessione più profonda con la tua anima. Ricorda, il viaggio verso l'armonia interiore inizia con piccoli passi. Ogni giorno è un'opportunità per coltivare la pace e l'equilibrio dentro di te.

# Meditazioni guidate per connettersi con il sé spirituale

Nel nostro viaggio verso l'armonia interiore, le **meditazioni guidate** rappresentano uno strumento prezioso per connettersi con il proprio sé spirituale. Queste pratiche offrono un'opportunità unica per esplorare le profondità della nostra anima, creando uno spazio sacro dove mente e spirito possono dialogare in armonia.

Iniziamo con un semplice esercizio di meditazione che puoi praticare quotidianamente. Trova un luogo tranquillo dove non sarai disturbato. Siediti comodamente, chiudi gli occhi e porta l'attenzione al tuo **respiro**. Inspira profondamente, contando fino a quattro, trattieni il respiro per un momento, quindi espira lentamente contando fino a sei. Ripeti questo ciclo per alcuni minuti, permettendo alla tua mente di calmarsi e al tuo corpo di rilassarsi.

Una volta che ti senti centrato, immagina di essere in un luogo che ti trasmette pace e serenità. Questo può essere un giardino, una spiaggia o un bosco incantato. Visualizza ogni dettaglio di questo luogo, dai colori ai suoni, dalle sensazioni tattili agli odori. Lascia che la tua immaginazione ti guidi, permettendoti di sentirti completamente immerso in questo ambiente.

Ora, mentre continui a respirare profondamente, invita il tuo **sé spirituale** a farsi presente. Può apparire come una luce, una figura o semplicemente una sensazione di calore e amore. Accogli questa presenza con apertura e senza giudizio. Chiedi al tuo sé spirituale di mostrarti ciò che hai bisogno di sapere in questo momento della tua vita. Rimani in ascolto, senza fretta, permettendo a qualsiasi intuizione o messaggio di emergere naturalmente.

Quando senti che il momento è giusto, ringrazia il tuo sé spirituale per la guida ricevuta. Lentamente, riporta la tua attenzione al respiro, e quando sei pronto, apri gli occhi, portando con te la pace e la chiarezza che hai sperimentato durante la meditazione.

Questa pratica non solo ti aiuta a connetterti con il tuo sé spirituale, ma favorisce anche una maggiore consapevolezza e presenza nella vita quotidiana. Ogni meditazione è un passo verso la scoperta di chi sei veramente e di come puoi vivere in armonia con il mondo intorno a te.

Ricorda, la chiave è la **costanza**. Anche pochi minuti al giorno possono fare una grande differenza nel tuo percorso di crescita personale e spirituale. Con il tempo, scoprirai che la connessione con il tuo sé spirituale diventerà sempre più forte e naturale, guidandoti verso una vita più equilibrata e appagante.

## Capitolo 5:

## Lavorare sulle emozioni con l'energia spirituale

Nel cuore della nostra esistenza, le **emozioni** giocano un ruolo cruciale, fungendo da ponte tra la nostra mente e la nostra anima. Spesso, però, ci troviamo intrappolati in un vortice di sentimenti che sembrano prendere il sopravvento, lasciandoci disorientati e privi di controllo. È qui che l'**energia spirituale** può entrare in gioco, offrendoci un mezzo per lavorare su queste emozioni in modo più profondo e trasformativo.

Immagina una giornata in cui ti senti sopraffatto dalla rabbia. È come se un fuoco ardesse dentro di te, alimentato da pensieri di ingiustizia e frustrazione. In questi momenti, una pratica spirituale può aiutarti a canalizzare e trasformare questa energia. Prenditi un momento per chiudere gli occhi e immaginare un fiume che scorre dentro di te. Questo fiume rappresenta la tua energia vitale, sempre in movimento, sempre fluente. Lascia che la tua rabbia venga portata via dalla corrente, osservando come si dissolve e si trasforma in una sensazione di pace e comprensione.

Un altro potente strumento è la **meditazione**.

Sedersi in silenzio e concentrarsi sul respiro può sembrare semplice, ma è un atto di grande potere. Durante la meditazione, permetti alle emozioni di emergere senza giudizio, osservandole come nuvole che attraversano il cielo della tua mente. In questo spazio di consapevolezza, inizi a comprendere che le emozioni non ti definiscono; sono semplicemente stati transitori che puoi osservare e lasciar andare.

La connessione con la natura è un'altra via per lavorare sulle emozioni attraverso l'energia spirituale. Camminare a piedi nudi sull'erba, sentire il vento sul viso, ascoltare il canto degli uccelli: questi semplici atti ci riconnettono alla nostra essenza e ci ricordano che siamo parte di qualcosa di più grande. In questo contesto, le emozioni trovano il loro giusto posto, diventando parte di un ciclo naturale di crescita e trasformazione.

Infine, non sottovalutare il potere delle **intenzioni**. Ogni mattina, prima di iniziare la tua giornata, dedica qualche minuto a stabilire un'intenzione chiara e positiva. Può essere un semplice pensiero come "Oggi scelgo la pace" o "Mi apro alla gioia". Queste intenzioni agiscono come fari, guidandoti attraverso le tempeste emotive e aiutandoti a mantenere il tuo equilibrio interiore.

In questo viaggio di scoperta e trasformazione, ricorda che non sei mai solo. L'energia spirituale è sempre presente, pronta a sostenerti e guidarti verso una comprensione più profonda di te stesso e delle tue emozioni. Abbraccia questo potere, e permetti a te stesso di crescere e fiorire in modi che non avresti mai immaginato.

## Identificare e affrontare le emozioni bloccate

Nel nostro viaggio verso l'armonia interiore, uno degli ostacoli più comuni che incontriamo sono le **emozioni bloccate**. Queste emozioni, spesso radicate in esperienze passate, possono influenzare profondamente il nostro benessere psicologico e spirituale. Riconoscerle e affrontarle è un passo fondamentale per liberare l'energia necessaria alla nostra crescita personale.

Le emozioni bloccate si manifestano in diversi modi. Possono emergere come sensazioni di ansia, tristezza o rabbia che sembrano non avere una causa apparente. Spesso, queste emozioni sono il risultato di **esperienze non elaborate**, che il nostro subconscio ha relegato in un angolo nascosto della nostra psiche. Il primo passo per affrontarle è la **consapevolezza**. Riconoscere che queste emozioni esistono e che hanno un impatto sulla nostra vita quotidiana è cruciale.

Una tecnica utile per identificare le emozioni bloccate è il **diario delle emozioni quotidiane**. Scrivere ogni giorno le emozioni che proviamo, senza giudizio, ci aiuta a prendere coscienza dei nostri stati d'animo ricorrenti. Questo esercizio ci permette di individuare pattern emotivi e di riconoscere quelle emozioni che sembrano ripetersi in modo ciclico.

Una volta identificate, è importante **affrontare queste emozioni** con compassione e gentilezza verso noi stessi. La pratica della **mindfulness** può essere un valido strumento in questo processo. Attraverso la meditazione e la respirazione consapevole, possiamo imparare a osservare le nostre emozioni senza esserne sopraffatti. Questo ci permette di creare uno spazio sicuro in cui esplorare e comprendere le radici delle nostre emozioni bloccate.

Un altro aspetto fondamentale è l'**accettazione**. Spesso, resistiamo alle emozioni negative perché le consideriamo scomode o indesiderabili. Tuttavia, accettare che queste emozioni fanno parte della nostra esperienza umana ci aiuta a ridurre il loro potere su di noi. Ricordiamoci che ogni emozione ha un messaggio da trasmettere, e ascoltarlo può portarci a una maggiore comprensione di noi stessi.

Infine, è importante ricordare che il processo di liberazione delle emozioni bloccate richiede **tempo e pazienza**. Non esiste una soluzione rapida, ma con impegno e dedizione, possiamo fare passi significativi verso il nostro benessere emotivo e spirituale. In questo percorso, non siamo soli: possiamo cercare supporto in comunità di pratica, gruppi di meditazione o professionisti che condividono il nostro cammino verso l'armonia interiore.

## Tecniche di rilascio emotivo

Nel nostro viaggio verso l'armonia interiore, è essenziale imparare a gestire le emozioni che spesso ci travolgono. Le **tecniche di rilascio emotivo** sono strumenti preziosi che ci permettono di liberare le tensioni accumulate e di ristabilire un equilibrio tra mente e spirito.

Una delle prime tecniche che vorrei condividere è la **respirazione consapevole**. Quando ci sentiamo sopraffatti dalle emozioni, fermiamoci un momento e concentriamoci sul nostro respiro. Inspirare profondamente attraverso il naso, trattenere il respiro per qualche secondo e poi espirare lentamente attraverso la bocca può aiutarci a rilasciare la tensione. Questa pratica semplice ma potente ci riporta al momento presente, permettendoci di osservare le nostre emozioni senza giudizio.

Un'altra tecnica efficace è l'**espressione creativa**. A volte le parole non sono sufficienti per esprimere ciò che proviamo. In questi casi, possiamo ricorrere alla pittura, alla scrittura o alla musica per dare voce alle nostre emozioni. L'arte diventa un canale attraverso il quale possiamo esplorare e liberare ciò che ci turba, trasformando il dolore in bellezza.

La **visualizzazione guidata** è un'altra pratica che può aiutarci a rilasciare le emozioni negative. Immaginiamo di trovarci in un luogo sicuro e sereno, circondati da una luce calda e avvolgente. In questo spazio protetto, possiamo lasciare andare le emozioni che ci appesantiscono, visualizzandole mentre si dissolvono nella luce. Questa tecnica ci permette di creare una distanza emotiva dai nostri sentimenti, favorendo una prospettiva più equilibrata.

Infine, non sottovalutiamo il potere del **dialogo interiore**. Spesso siamo i nostri critici più severi, ma imparare a parlare a noi stessi con gentilezza e comprensione può fare una grande differenza. Quando ci sentiamo travolti dalle emozioni, fermiamoci un attimo e chiediamoci: "Cosa direi a un amico in questa situazione?" Offrirci lo stesso supporto e comprensione che daremmo a qualcun altro ci aiuta a rilasciare le emozioni negative e a coltivare un senso di pace interiore.

Queste tecniche di rilascio emotivo non sono soluzioni magiche, ma strumenti che, con la pratica costante, possono condurci verso una maggiore consapevolezza e armonia interiore. Ricordiamoci che il viaggio verso l'equilibrio tra mente e spirito è un processo continuo, e ogni passo che facciamo ci avvicina a una versione più autentica e serena di noi stessi.

# Come il perdono guarisce la mente e il cuore

Il perdono è una forza straordinaria che può trasformare profondamente la nostra vita interiore. Quando ci apriamo al perdono, permettiamo a noi stessi di liberare il nostro cuore e la nostra mente dai pesi del passato. In questo processo, non è solo l'altro a beneficiare del nostro gesto, ma siamo noi stessi a trovare una nuova libertà e leggerezza.

Spesso, il perdono viene frainteso come un atto di debolezza o di sottomissione. In realtà, è un atto di **grande forza interiore**. Perdonare non significa dimenticare o giustificare il male subito, ma piuttosto scegliere di non permettere che quel male continui a influenzare negativamente la nostra vita. È un atto di **liberazione** che ci consente di andare avanti, di crescere e di guarire.

Un aspetto cruciale del perdono è la sua capacità di guarire le ferite emotive. Quando serbiamo rancore, manteniamo vive le ferite, impedendo loro di cicatrizzarsi. Il perdono, al contrario, è come un balsamo che lenisce e rigenera. Ci permette di **riconnetterci con la nostra parte più autentica**, quella che desidera la pace e l'armonia.

Per avviare il processo di perdono, è fondamentale sviluppare una profonda **consapevolezza** delle nostre emozioni. Dobbiamo riconoscere il dolore, la rabbia e il risentimento che proviamo, senza negarli o reprimerli. Solo attraverso questa consapevolezza possiamo iniziare a trasformare tali emozioni in qualcosa di più positivo e costruttivo.

Una pratica utile è quella della meditazione sul perdono. In un ambiente tranquillo, chiudete gli occhi e portate alla mente la persona o la situazione che vi ha ferito. Visualizzatevi mentre lasciate andare il rancore, immaginando un flusso di luce che purifica il vostro cuore. Ripetete mentalmente frasi come: "Scelgo di perdonare, scelgo la pace". Questa pratica, se eseguita con costanza, può portare a cambiamenti significativi nel vostro stato d'animo.

Il perdono è anche un atto di amore verso se stessi. Quando scegliamo di perdonare, ci concediamo il dono della **serenità** e del benessere. Non siamo più prigionieri delle nostre ferite, ma diventiamo artefici della nostra guarigione. Questo non significa che il percorso sarà facile o privo di ostacoli, ma ogni passo verso il perdono è un passo verso una vita più piena e soddisfacente.

Infine, ricordiamo che il perdono è un processo, non un evento. Richiede tempo, pazienza e, soprattutto, compassione verso noi stessi. Intraprendendo questo viaggio, scopriamo che il perdono è uno degli strumenti più potenti per guarire la mente e il cuore, aprendo la strada a una nuova armonia interiore.

Capitolo 6:

# Pratiche di journaling per la crescita personale

Nella nostra quotidianità, spesso ci troviamo immersi in una miriade di pensieri ed emozioni che sembrano sfuggirci di mano. È in questi momenti che il **journaling** può diventare un alleato prezioso per la nostra crescita personale. Immagina di avere un amico fidato, sempre pronto ad ascoltare senza giudicare, un compagno di viaggio che ti aiuta a esplorare le profondità della tua mente e del tuo cuore. Questo è il potere del journaling.

Iniziare a scrivere un diario può sembrare un compito arduo, ma in realtà è un processo che si evolve naturalmente. Non è necessario avere un piano preciso o aspettarsi risultati immediati. Lascia che le parole fluiscano spontaneamente, proprio come faresti in una conversazione intima con te stesso. Non ci sono regole rigide: puoi scrivere al mattino per iniziare la giornata con chiarezza, oppure la sera per riflettere su ciò che è accaduto. L'importante è trovare un momento che sia solo tuo.

Uno degli aspetti più affascinanti del journaling è la sua capacità di rivelare **schemi nascosti** nei nostri pensieri e comportamenti. Quando rileggi le pagine scritte, potresti notare ricorrenze che altrimenti sarebbero passate inosservate. Forse scoprirai che certe situazioni scatenano emozioni specifiche, o che determinate credenze limitano il tuo potenziale. Questa consapevolezza è il primo passo verso il cambiamento.

Il journaling non è solo un esercizio mentale, ma anche un viaggio spirituale. Attraverso la scrittura, puoi connetterti con la tua **anima**, esplorare i tuoi desideri più profondi e comprendere meglio il tuo scopo di vita. Puoi utilizzare il diario per dialogare con la tua parte più intuitiva, ponendo domande e ascoltando le risposte che emergono dal tuo inconscio. È un'opportunità per coltivare la tua creatività e dare voce a quella saggezza interiore che spesso trascuriamo.

Per rendere il journaling una pratica ancora più efficace, considera di integrarlo con altre tecniche di **mindfulness** e meditazione. Prima di iniziare a scrivere, prendi qualche minuto per respirare profondamente e centrare la tua attenzione nel momento presente. Questo ti aiuterà a liberarti dalle distrazioni e a entrare in contatto con il tuo io autentico. Ricorda, il journaling è un dono che fai a te stesso: un momento di riflessione e crescita che può portarti verso una maggiore armonia tra mente e spirito.

Infine, non dimenticare che il journaling è un processo personale e unico. Non esistono modi giusti o sbagliati di farlo. Sperimenta, gioca con le parole, e soprattutto, sii gentile con te stesso. Ogni parola scritta è un passo verso una maggiore comprensione di te stesso e del tuo mondo interiore.

## Scrivere per esplorare la mente

Nell'arte di scrivere per esplorare la mente, ci troviamo di fronte a un viaggio che non è solo di parole, ma di scoperte interiori. La scrittura diventa uno strumento potente per sondare le profondità del nostro essere, per mettere a nudo le emozioni e per trovare un senso di connessione tra il nostro io razionale e quello intuitivo.

Quando ci sediamo a scrivere, è come se aprissimo una finestra su un paesaggio interiore che spesso rimane nascosto. Le parole diventano specchi attraverso i quali possiamo riflettere su ciò che sentiamo e pensiamo. Questo processo non è solo terapeutico, ma anche **trasformativo**. Ci permette di dare voce alle parti di noi che, altrimenti, rimarrebbero inascoltate.

Un modo per iniziare è attraverso il **diario personale**. Tenere un diario ci offre uno spazio sicuro per esplorare le nostre emozioni quotidiane e per riflettere sui momenti di disconnessione tra mente e spirito. In questo spazio, possiamo essere completamente onesti con noi stessi, senza paura di giudizio o critica.

La scrittura può anche essere guidata da **domande**

**riflessive**. Chiedersi, ad esempio, "Cosa sto cercando di evitare?" o "Quali sono le mie vere paure?" può aprire la porta a intuizioni profonde. Queste domande ci aiutano a scavare sotto la superficie delle nostre esperienze quotidiane, portando alla luce motivazioni e desideri nascosti.

Un altro approccio è quello di utilizzare la scrittura per **visualizzare** scenari futuri. Immaginare e descrivere la vita che desideriamo può fungere da catalizzatore per il cambiamento. Questo tipo di scrittura non solo ci aiuta a chiarire i nostri obiettivi, ma ci permette anche di esplorare le emozioni associate al raggiungimento di questi obiettivi.

Infine, la scrittura può essere un mezzo per **esprimere gratitudine**. Annotare le cose per cui siamo grati ogni giorno ci aiuta a focalizzarci sugli aspetti positivi della nostra vita, coltivando un senso di pace e appagamento. Questo semplice atto di scrittura può avere un impatto profondo sul nostro benessere emotivo e spirituale.

In conclusione, scrivere per esplorare la mente non è solo un esercizio intellettuale, ma un viaggio verso una maggiore consapevolezza di sé. È un modo per connettersi con la nostra essenza più profonda, per trovare equilibrio tra mente e anima e per intraprendere un cammino di crescita personale e spirituale. Attraverso la scrittura, possiamo scoprire il potere dell'integrazione, trovando la nostra strada verso l'armonia interiore.

# Domande guida per entrare in contatto con la propria anima

Iniziare un dialogo con la propria anima richiede un approccio di **apertura e ascolto**. Spesso siamo così immersi nella frenesia quotidiana che dimentichiamo di fermarci e ascoltare quella voce interiore che ci guida verso la nostra verità più profonda. Ecco alcune domande guida che possono aiutarti a instaurare questo dialogo interiore:

### Quali sono i miei veri desideri?

Chiediti cosa desideri veramente, al di là delle aspettative esterne e delle pressioni sociali. I tuoi desideri autentici sono un riflesso della tua **anima** e possono guidarti verso una vita più appagante e significativa.

### Cosa mi fa sentire veramente vivo?

Rifletti su quelle attività o situazioni che ti fanno sentire pienamente presente e **vivo**. Questi momenti sono segnali della tua anima che ti indicano la strada verso la tua vera essenza.

### Quali paure mi trattengono?

Esplora le paure che ti impediscono di seguire il tuo vero cammino. Spesso, dietro queste paure, si nascondono lezioni preziose che la tua anima vuole che tu impari. Affrontarle con coraggio può portarti a una profonda **guarigione** interiore.

## Quali sono i miei valori fondamentali?

Identifica i valori che guidano le tue scelte e azioni. Questi valori sono il riflesso della tua **anima** e costituiscono la bussola che ti orienta nel tuo viaggio di crescita personale e spirituale.

## Cosa mi impedisce di essere autentico?

Esamina le maschere che indossi per compiacere gli altri o per adattarti a determinate situazioni. La tua anima desidera che tu viva in **autenticità**, esprimendo la tua vera natura senza timore di giudizio.

## In che modo posso nutrire la mia anima oggi?

Pensa a piccole azioni o pratiche che possono nutrire la tua anima quotidianamente. Che si tratti di meditazione, passeggiate nella natura o momenti di silenzio, queste pratiche ti aiutano a mantenere un **equilibrio** tra mente e spirito.

Queste domande non hanno risposte immediate, ma ti invitano a un viaggio di **scoperta** interiore. Prenditi il tempo per riflettere su di esse, magari tenendo un diario dove annotare le tue intuizioni e sentimenti. Ricorda che la tua anima è una guida saggia e amorevole, sempre pronta a mostrarti il cammino verso una vita più autentica e piena di significato.

## Diario di gratitudine: uno strumento trasformativo

Nel nostro viaggio verso l'armonia tra mente e anima, il **diario di gratitudine** emerge come uno degli strumenti più potenti e trasformativi. Spesso, nella frenesia della vita quotidiana, ci dimentichiamo di fermarci e apprezzare le cose semplici e meravigliose che ci circondano. Questo diario diventa un rifugio, un luogo dove possiamo riflettere e riconoscere le **benedizioni** che riempiono le nostre giornate.

Tenere un diario di gratitudine non richiede grandi sforzi, ma i suoi benefici sono innumerevoli. Inizia semplicemente con l'annotare **tre cose** per cui sei grato ogni giorno. Possono essere eventi significativi o piccoli momenti di gioia: un sorriso ricevuto, un pasto delizioso, o il calore del sole sulla pelle. Questa pratica aiuta a spostare l'attenzione da ciò che manca a ciò che è già presente nella nostra vita, coltivando un **atteggiamento positivo** e di accettazione.

Praticare la gratitudine quotidianamente può avere un profondo impatto sulla nostra psiche. Studi dimostrano che le persone che coltivano la gratitudine sperimentano livelli più alti di **felicità** e minori sintomi di depressione. Questo perché la gratitudine ci aiuta a vedere la bellezza e la bontà nel mondo, promuovendo un senso di connessione con gli altri e con l'universo.

Inoltre, il diario di gratitudine favorisce la **consapevolezza**, un elemento chiave per il benessere interiore. Scrivere regolarmente su ciò per cui siamo grati ci costringe a vivere nel momento presente, a osservare e a riflettere. Questa pratica può diventare una forma di meditazione, un momento di pausa in cui ci allontaniamo dalle preoccupazioni e ci immergiamo in uno stato di **calma** e riflessione.

Molti trovano utile rileggere le pagine del loro diario di gratitudine nei momenti di difficoltà. Queste pagine diventano una testimonianza tangibile delle **esperienze positive** e delle risorse interiori che abbiamo accumulato nel tempo. Rileggere il diario può rinvigorire la nostra speranza e rafforzare la nostra capacità di affrontare le sfide con un cuore aperto e fiducioso.

In conclusione, il diario di gratitudine non è solo un esercizio di scrittura, ma un vero e proprio **viaggio interiore**. È un invito a esplorare la bellezza nascosta nella nostra vita quotidiana, a riconoscere le connessioni tra mente e spirito, e a camminare verso un'esistenza più **consapevole** e appagante. Inizia oggi stesso: prendi un quaderno, trova un momento di tranquillità, e lascia che la gratitudine guidi la tua penna.

## Parte III:
## Trasformazione e Crescita

Nel percorso della **trasformazione personale**, spesso ci troviamo di fronte a momenti di crisi che, se affrontati con consapevolezza, possono diventare potenti catalizzatori di crescita. Immagina una crisalide: apparentemente fragile e immobile, ma all'interno avviene una metamorfosi straordinaria. Allo stesso modo, la nostra anima attraversa fasi di cambiamento che, sebbene possano sembrare dolorose o difficili, sono essenziali per il nostro sviluppo.

Un esempio emblematico è quello di Anna, una donna che si è trovata a un bivio nella sua vita. Dopo anni di lavoro in un ambiente che la soffocava, sentiva un vuoto interiore che non riusciva a colmare. La sua mente razionale le suggeriva di continuare su quella strada sicura, ma il suo **cuore spirituale** anelava a qualcosa di più significativo. Fu solo quando decise di ascoltare quella voce interiore che iniziò il suo vero viaggio di trasformazione.

Anna iniziò a esplorare pratiche di **mindfulness** e meditazione, strumenti che le permisero di entrare in contatto con la sua essenza più profonda. Durante una di queste sessioni, ebbe una visione chiara: il suo lavoro non era più in sintonia con i suoi valori e desideri. Questo momento di illuminazione la portò a prendere una decisione coraggiosa: lasciare il vecchio lavoro e dedicarsi a una carriera che rispecchiasse la sua passione per l'aiuto agli altri.

La sua storia ci insegna che la trasformazione non è mai lineare. Ci saranno giorni di dubbio e incertezza, ma è proprio in quei momenti che dobbiamo fidarci del processo. Come un fiume che scorre, la crescita personale richiede fluidità, la capacità di adattarsi e di lasciare andare ciò che non serve più. Il dolore che proviamo non è altro che un segnale che ci invita a guardare più da vicino, a esplorare le parti di noi stessi che abbiamo trascurato.

È fondamentale ricordare che la **trasformazione** non avviene in isolamento. Le connessioni che creiamo con gli altri possono fungere da specchi, riflettendo aspetti di noi stessi che non avremmo mai potuto vedere da soli. Le testimonianze di chi ha già percorso questo cammino diventano fari che illuminano la nostra strada, offrendo conforto e ispirazione.

In conclusione, abbracciare il cambiamento significa accettare l'incertezza e avere il coraggio di seguire il nostro cuore. La crescita autentica avviene quando permettiamo alla nostra anima di guidarci, aprendoci a nuove possibilità e accogliendo ogni esperienza come un'opportunità di apprendimento. Ricorda, il viaggio verso l'armonia tra mente e anima è un'avventura continua, dove ogni passo, per quanto piccolo, ci avvicina sempre di più alla nostra vera essenza.

# Capitolo 7:

# L'autenticità: essere sé stessi senza paura

Essere autentici significa abbracciare la propria **unicità** senza timore, un viaggio che richiede coraggio e vulnerabilità. In un mondo che spesso ci spinge a conformarci, trovare la propria voce interiore può sembrare una sfida ardua. Tuttavia, è proprio attraverso l'autenticità che possiamo raggiungere una vera **connessione** con noi stessi e con gli altri.

Immagina di camminare lungo un sentiero di montagna. Il paesaggio attorno a te è mozzafiato, ma il percorso è irregolare e a tratti impervio. Ogni passo richiede attenzione e determinazione, ma la bellezza del viaggio sta proprio nella scoperta di ciò che si trova oltre ogni curva. Così è il cammino verso l'autenticità: un percorso che ci invita a esplorare le nostre **profondità**, a riconoscere le nostre paure e a superarle.

Spesso, la paura di essere giudicati o di non essere accettati ci trattiene dal mostrare il nostro vero io. Ma è importante ricordare che l'autenticità non è sinonimo di perfezione. Al contrario, è l'accettazione dei propri difetti e delle proprie imperfezioni che ci rende veramente umani.

Quando abbracciamo la nostra vulnerabilità, apriamo le porte a relazioni più genuine e significative.

Un esercizio utile per coltivare l'autenticità è la pratica della **riflessione** quotidiana. Prenditi del tempo ogni giorno per scrivere i tuoi pensieri e le tue emozioni. Questo semplice atto di scrittura può aiutarti a chiarire ciò che è veramente importante per te e a riconoscere le influenze esterne che potrebbero allontanarti dalla tua vera essenza.

Inoltre, è fondamentale circondarsi di persone che ci incoraggiano a essere noi stessi. Le relazioni autentiche si basano sulla fiducia e sul rispetto reciproco. Quando siamo in compagnia di chi ci accetta per ciò che siamo, senza giudizio, ci sentiamo liberi di esprimere la nostra vera natura.

Ricorda che l'autenticità è un processo continuo, non un obiettivo da raggiungere una volta per tutte. Ogni giorno offre l'opportunità di riscoprire e riaffermare il nostro vero io. E in questo viaggio, è essenziale essere gentili con noi stessi, accettando che ci saranno giorni in cui ci sentiremo più vulnerabili e altri in cui ci sentiremo più forti.

Alla fine, essere autentici significa vivere in armonia con la propria anima, ascoltando il proprio cuore e seguendo la propria intuizione. È un atto di amore verso sé stessi e verso il mondo che ci circonda. E in questo viaggio, ogni passo che facciamo verso la nostra autenticità ci avvicina sempre di più alla **pace interiore** e all'**armonia** che desideriamo.

## Comprendere il vero sé

Nel viaggio verso la comprensione del vero sé, ci troviamo spesso di fronte a un paradosso: per conoscerci davvero, dobbiamo essere disposti a **perdere** alcune delle nostre convinzioni più radicate su chi pensiamo di essere. Questo processo richiede **coraggio** e **apertura**, poiché ci invita a esplorare parti di noi stessi che potremmo aver ignorato o trascurato.

Un primo passo fondamentale è **riconoscere** che il sé autentico non è definito dalle etichette o dai ruoli che la società ci impone. Spesso, ci identifichiamo con il nostro lavoro, il nostro status sociale, o le aspettative degli altri, perdendo di vista la nostra vera essenza. È importante ricordare che **non siamo** i nostri pensieri, le nostre emozioni o le nostre esperienze passate. Questi sono solo aspetti transitori che fluiscono attraverso di noi.

Un esercizio utile per iniziare a esplorare il vero sé è la pratica della **consapevolezza**. Prenditi del tempo ogni giorno per sederti in silenzio, chiudere gli occhi e concentrarti sul tuo respiro. Nota i pensieri e le emozioni che emergono, ma senza giudicarli o attaccarti a essi. Questa pratica ti aiuterà a sviluppare una maggiore **chiarezza** interiore e a distinguere tra il rumore della mente e la voce autentica del tuo cuore.

La **riflessione** è un altro strumento potente. Tieni un diario in cui annoti le tue esperienze, le tue emozioni e le tue intuizioni. Chiediti: "Quali sono le mie vere passioni? Cosa mi fa sentire vivo e pieno di energia? Quali sono i valori che guidano le mie scelte?" Scrivere queste riflessioni ti permetterà di scoprire schemi ricorrenti e di connetterti con il tuo sé più profondo.

Non dimentichiamo l'importanza della **compassione** verso noi stessi. Durante questo processo, potremmo scoprire aspetti di noi che non ci piacciono o che ci causano disagio. È fondamentale trattarci con gentilezza e accettazione, riconoscendo che ogni parte di noi ha un ruolo nel nostro viaggio di crescita.

Infine, il vero sé è spesso nascosto dietro le **maschere** che indossiamo per adattarci o per proteggere noi stessi. Imparare a lasciar andare queste maschere richiede pratica e pazienza. Ricorda che il cammino verso la comprensione del vero sé è un **processo continuo**, non una destinazione. Ogni giorno offre una nuova opportunità per esplorare, imparare e crescere.

Attraverso la consapevolezza, la riflessione e la compassione, possiamo avvicinarci sempre di più alla nostra essenza autentica, vivendo una vita più ricca e significativa. In questo modo, il viaggio verso la comprensione del vero sé diventa non solo possibile, ma anche profondamente **appagante**.

## Superare i condizionamenti sociali

Viviamo in una società che spesso ci impone **norme e aspettative** che possono soffocare la nostra vera essenza. Questi condizionamenti sociali, se non riconosciuti e affrontati, possono allontanarci dal nostro percorso di crescita personale e spirituale. Ma come possiamo superarli e ritrovare il nostro autentico sé?

Il primo passo è **riconoscere** i condizionamenti che ci influenzano. Spesso, essi si manifestano sotto forma di credenze limitanti, come l'idea che dobbiamo conformarci a determinati standard per essere accettati o amati. Queste credenze possono essere così radicate che le accettiamo come verità assolute, senza metterle in discussione. Tuttavia, è essenziale iniziare a **interrogarsi** su queste convinzioni: da dove provengono? Sono davvero nostre o sono state imposte da altri?

Una volta identificati i condizionamenti, possiamo lavorare per **liberarci** da essi. Un modo efficace per farlo è attraverso la **consapevolezza**. Pratiche come la mindfulness e la meditazione ci aiutano a rimanere presenti e a osservare i nostri pensieri e emozioni senza giudizio. Questo ci permette di vedere con maggiore chiarezza quali aspetti della nostra vita sono influenzati da pressioni esterne e quali invece rispecchiano il nostro vero sé.

È importante anche **circondarsi** di persone che ci sostengono nel nostro viaggio verso l'autenticità. Amici e mentori che comprendono e rispettano la nostra ricerca di equilibrio tra mente e spirito possono offrirci il supporto necessario per resistere alle pressioni sociali. Inoltre, il confronto con chi condivide simili valori e aspirazioni può essere fonte di **ispirazione** e motivazione.

Infine, ricordiamoci che il cammino verso la libertà dai condizionamenti sociali è un processo continuo. Potremmo incontrare **resistenze** interne ed esterne, ma ogni passo avanti è un progresso verso una maggiore armonia interiore. È fondamentale essere gentili con noi stessi e celebrare ogni piccola vittoria lungo il percorso.

In conclusione, liberarsi dai condizionamenti sociali richiede **coraggio** e determinazione, ma i benefici che ne derivano sono incommensurabili. Ritrovare il nostro autentico sé ci permette di vivere una vita più appagante e in sintonia con i nostri veri desideri e valori. E in questo viaggio, la connessione tra psicologia e spiritualità può essere un prezioso alleato, guidandoci verso una comprensione più profonda di noi stessi e del nostro posto nel mondo.

## Vivere una vita in linea con i propri valori

Vivere in armonia con i propri valori significa

**abbracciare l'autenticità** in ogni aspetto della nostra esistenza. Quando ci allineiamo con ciò che consideriamo importante, non solo miglioriamo il nostro benessere personale, ma creiamo anche un effetto positivo su chi ci circonda. Questo capitolo esplora come possiamo identificare e vivere secondo i nostri valori, integrando mente e spirito per una vita più piena e soddisfacente.

Per prima cosa, è fondamentale **identificare i propri valori fondamentali**. Spesso, nella frenesia della vita quotidiana, ci dimentichiamo di fermarci e riflettere su ciò che davvero conta per noi. Prenditi del tempo per scrivere una lista di valori che senti profondamente radicati nella tua essenza. Questi possono includere l'onestà, la compassione, la libertà, la creatività o qualsiasi altra qualità che risuoni con te.

Una volta identificati i tuoi valori, il passo successivo è **esaminare la tua vita attuale** e vedere se è in linea con essi. Chiediti: le mie azioni quotidiane riflettono ciò che considero importante? Se scopri delle discrepanze, non scoraggiarti. Vedere queste differenze è il primo passo verso il cambiamento. Considera questo come un'opportunità per riallineare la tua vita con i tuoi valori.

Un esercizio utile è quello di visualizzare una giornata ideale, in cui ogni tua azione è in perfetta sintonia con i tuoi valori. Immagina come ti sentiresti, quali emozioni proveresti e quale impatto avresti sugli altri. Questo tipo di visualizzazione può aiutarti a **creare una mappa mentale** di come potrebbe essere la tua vita quando vivi in conformità con i tuoi valori.

È importante anche **imparare a dire di no** a situazioni o persone che non rispettano i tuoi valori. Questo può essere difficile, soprattutto se comporta deludere gli altri, ma è essenziale per mantenere la tua integrità personale. Ricorda che ogni volta che dici di no a qualcosa che non è in linea con i tuoi valori, stai dicendo sì a te stesso.

Infine, non dimenticare di **celebrare i tuoi successi**. Ogni piccolo passo verso una vita più autentica è un traguardo da festeggiare. Condividi le tue esperienze con persone che condividono i tuoi valori e che possono supportarti nel tuo percorso. La condivisione non solo rafforza il tuo impegno, ma può anche ispirare gli altri a intraprendere un cammino simile.

Vivere in linea con i propri valori è un viaggio continuo, fatto di riflessioni, scelte consapevoli e crescita personale. È un processo che richiede coraggio, ma che porta a una vita più autentica e soddisfacente. Ricorda: l'armonia tra mente e anima si raggiunge quando viviamo fedeli a noi stessi e ai nostri valori più profondi.

# Capitolo 8:

## Superare i blocchi e abbracciare il cambiamento

Quando ci troviamo di fronte a un blocco, che sia emotivo, mentale o spirituale, è come se una parte di noi si congelasse, impedendoci di avanzare nel nostro cammino di crescita. La sensazione può essere frustrante, ma è importante ricordare che ogni blocco porta con sé un'opportunità di trasformazione. Immagina di camminare lungo un sentiero di montagna: a volte trovi un masso che sembra insormontabile, ma con pazienza e determinazione, scopri un modo per aggirarlo o superarlo.

Un giorno, una giovane donna che chiamerò Anna mi raccontò la sua esperienza. Anna si sentiva intrappolata in un lavoro che non la soddisfaceva più. Ogni giorno, la sua energia si affievoliva e il suo entusiasmo si spegneva. Nonostante il desiderio di cambiare, la paura dell'ignoto la paralizzava. In una delle nostre conversazioni, le suggerii di provare un esercizio di **visualizzazione**. Immaginò se stessa in un luogo di pace, dove poteva ascoltare la sua voce interiore senza distrazioni. Fu in quel momento che Anna comprese che il suo blocco era in realtà un segnale del suo spirito, un invito a esplorare nuove possibilità.

Superare un blocco richiede **coraggio** e **consapevolezza**. Spesso, il primo passo è il più difficile: riconoscere che il blocco esiste e accettare che fa parte del nostro viaggio. È essenziale non giudicarsi duramente, ma piuttosto avvicinarsi a sé stessi con **compassione**. Ogni blocco può essere visto come un insegnante, pronto a rivelare lezioni preziose se siamo disposti ad ascoltare.

Un'altra storia che mi ha colpito è quella di Marco, un uomo che sentiva un profondo senso di insoddisfazione nonostante avesse raggiunto molti obiettivi professionali. Marco iniziò a praticare la **meditazione** quotidiana, un momento per fermarsi e riflettere. Nel silenzio, si rese conto che il suo blocco derivava dalla disconnessione tra ciò che faceva e ciò che realmente desiderava. Questa intuizione lo spinse a intraprendere un nuovo percorso, allineato con i suoi valori e passioni autentiche.

Il cambiamento può essere spaventoso, ma è anche un'opportunità di rinascita. Quando abbracciamo il cambiamento, ci apriamo a nuove esperienze e possibilità. È come il ciclo delle stagioni: l'inverno può sembrare interminabile, ma inevitabilmente lascia spazio alla primavera, con la sua promessa di nuova vita e crescita.

Ricorda, ogni blocco è temporaneo. Con pazienza, pratica e un cuore aperto, possiamo superare qualsiasi ostacolo e abbracciare il cambiamento con fiducia e speranza. Lascia che il tuo spirito guidi il cammino e scoprirai che il viaggio verso l'armonia è già iniziato.

## Come riconoscere i blocchi psicologici e spirituali

Riconoscere i **blocchi psicologici e spirituali** è un passo fondamentale nel nostro viaggio verso l'armonia interiore. Questi blocchi possono manifestarsi in molte forme, influenzando il nostro benessere emotivo e la nostra crescita spirituale. Spesso, sono il risultato di esperienze passate, credenze limitanti o paure che abbiamo accumulato nel tempo. Identificarli non è sempre facile, ma è essenziale per poterli affrontare e superare.

Uno dei primi segnali di un blocco psicologico può essere la **sensazione di stagnazione**. Potresti sentirti intrappolato in schemi di pensiero ripetitivi o comportamenti che non ti permettono di progredire. Questi schemi possono derivare da convinzioni radicate che ti impediscono di vedere nuove possibilità o di accettare cambiamenti. Per esempio, potresti pensare di non essere abbastanza bravo per ottenere un certo risultato, e questa convinzione potrebbe bloccare il tuo percorso.

Nel contesto spirituale, un blocco può manifestarsi come una **disconnessione dal tuo sé interiore** o dalla tua intuizione. Potresti sentirti lontano dalla tua essenza più profonda, incapace di accedere a quella saggezza interiore che guida le tue scelte. Questo può accadere quando la mente razionale prende il sopravvento, soffocando la voce del cuore. La meditazione e la mindfulness possono aiutarti a riconnetterti con questa parte di te, riportando equilibrio e chiarezza.

Un altro indicatore di blocchi può essere la **resistenza al cambiamento**. Spesso ci aggrappiamo a ciò che conosciamo, anche quando non ci serve più. Questa resistenza può essere alimentata dalla paura dell'ignoto o dal timore di fallire. Tuttavia, è importante ricordare che il cambiamento è una parte naturale del nostro percorso di crescita. Accettarlo può aprirci a nuove esperienze e opportunità.

Per affrontare questi blocchi, è utile praticare l'**auto-osservazione** e la riflessione. Prenditi del tempo per esplorare i tuoi pensieri e le tue emozioni, senza giudicarli. Chiediti quali sono le convinzioni che ti limitano e se sono davvero tue o se le hai ereditate da altri. Scrivi le tue riflessioni in un diario, poiché questo ti può aiutare a vedere i tuoi schemi con maggiore chiarezza.

Infine, non sottovalutare il potere del **supporto esterno**. Parlare con qualcuno di fiducia, come un terapeuta o un mentore spirituale, può offrirti nuove prospettive e strumenti per superare i tuoi blocchi. Ricorda, il viaggio verso l'armonia tra mente e anima è un processo continuo, e ogni passo che fai è un passo verso una maggiore consapevolezza e libertà interiore.

## Strumenti per trasformare il dolore in crescita

Nel viaggio della vita, il dolore è un compagno inevitabile. Tuttavia, ciò che spesso dimentichiamo è che questo dolore può essere un potente catalizzatore per la crescita personale. Quando ci troviamo di fronte a sfide emotive, la nostra reazione naturale è quella di evitarle o sopprimerle. Ma cosa succederebbe se, invece, imparassimo a **abbracciare il dolore** come un'opportunità per evolvere?

La chiave per trasformare il dolore in crescita risiede nella nostra capacità di **accettazione**. Accettare non significa arrendersi, ma riconoscere il dolore come parte integrante della nostra esperienza umana. Attraverso l'accettazione, possiamo iniziare a percepire il dolore non come un nemico, ma come un **insegnante**.

Un primo passo verso questa trasformazione è la **consapevolezza**. Praticare la mindfulness ci permette di osservare il nostro dolore con curiosità e senza giudizio. Possiamo chiederci: "Cosa sta cercando di dirmi questo dolore? Quali emozioni nasconde?" In questo modo, iniziamo a decifrare i messaggi che il nostro corpo e la nostra mente ci inviano.

Un altro strumento potente è la **riflessione**. Tenere un diario delle proprie emozioni può aiutare a identificare schemi ricorrenti e a comprendere meglio le radici del nostro dolore. Scrivere ci fornisce uno spazio sicuro per esplorare i nostri sentimenti più profondi e per dare un senso alle esperienze che viviamo.

Inoltre, è fondamentale **coltivare la resilienza**. La resilienza non è solo la capacità di resistere alle avversità, ma anche di adattarsi e prosperare nonostante esse. Possiamo svilupparla attraverso pratiche come la meditazione, che ci aiutano a mantenere la calma e la centratura anche nei momenti più difficili.

Infine, non dobbiamo dimenticare il potere della **connessione**. Condividere il nostro dolore con altre persone può essere incredibilmente liberatorio. Cercare il supporto di amici, familiari o gruppi di sostegno ci permette di sentirci meno soli e di ricevere nuove prospettive che possono illuminare il nostro cammino.

Ricordiamo che il dolore, se affrontato con coraggio e apertura, può diventare un **ponte verso una versione più autentica di noi stessi**. Ogni esperienza dolorosa porta con sé la possibilità di crescita e trasformazione. Sta a noi scegliere di percorrere questa strada con fiducia e determinazione.

## L'importanza della resilienza e della fede

Nel nostro percorso verso l'armonia tra mente e anima, **la resilienza** e **la fede** emergono come due pilastri fondamentali. Questi concetti, pur provenendo da ambiti differenti, si intrecciano in modo sorprendente, offrendo strumenti preziosi per affrontare le sfide della vita quotidiana.

La resilienza è la capacità di **adattarsi** e **riprendersi** di fronte alle avversità. Non si tratta di una qualità innata, ma di una competenza che possiamo sviluppare attraverso l'esperienza e la riflessione. La psicologia ci insegna che essere resilienti significa non solo resistere alle difficoltà, ma anche **crescere** e **trasformarsi** grazie ad esse. È un processo dinamico che coinvolge la nostra mente razionale e il nostro cuore spirituale, permettendoci di trovare un nuovo equilibrio interiore.

La fede, d'altra parte, rappresenta una fiducia profonda in qualcosa di più grande di noi stessi. Non si riferisce necessariamente a una religione specifica, ma piuttosto a un **senso di connessione** con l'universo, con la vita o con un principio superiore. La fede ci offre una prospettiva che va oltre le limitazioni della nostra esistenza quotidiana, aiutandoci a vedere le sfide come **opportunità di crescita** e non solo come ostacoli.

Quando la resilienza e la fede si incontrano, creano una sinergia potente. La resilienza ci dà la forza di affrontare le difficoltà, mentre la fede ci fornisce la motivazione e il significato per continuare il nostro cammino. Insieme, ci aiutano a sviluppare una visione olistica della nostra vita, in cui le esperienze negative possono essere trasformate in **lezioni preziose**.

Per coltivare la resilienza, possiamo praticare esercizi di mindfulness che ci aiutano a rimanere presenti e consapevoli nel momento. Questi esercizi ci permettono di osservare le nostre reazioni emotive senza giudicarle, favorendo un atteggiamento di **accettazione** e **compassione** verso noi stessi. La fede, invece, può essere alimentata attraverso la meditazione e la riflessione spirituale, che ci guidano verso una comprensione più profonda del nostro posto nel mondo.

In conclusione, l'importanza della resilienza e della fede risiede nella loro capacità di guidarci verso una vita più equilibrata e armoniosa. Abbracciando questi principi, possiamo trasformare le sfide in opportunità di crescita, avvicinandoci sempre di più alla nostra essenza autentica e alla pace interiore.

## Capitolo 9:

# Creare un equilibrio tra mente e spirito

Immagina di camminare su un sentiero in un bosco, dove ogni passo è un'opportunità per connetterti con te stesso e con l'universo che ti circonda. In questo viaggio, la **mente** e lo **spirito** non sono più entità separate, ma coesistono in un'armonia delicata e potente. È come una danza, dove la logica e l'intuizione si intrecciano, creando un equilibrio che porta pace e comprensione.

Per molti, la sfida è trovare questo equilibrio nella vita quotidiana, dove le richieste esterne spesso sovrastano la nostra voce interiore. Tuttavia, la chiave sta nel **riconoscere** il valore di entrambe le dimensioni. La mente analitica ci aiuta a navigare nel mondo materiale, mentre lo spirito ci guida verso una comprensione più profonda di chi siamo veramente.

Una delle tecniche più efficaci per coltivare questo equilibrio è la **mindfulness**. Praticata con costanza, essa diventa un ponte tra la mente e lo spirito, offrendoci uno spazio di quiete dove possiamo riflettere e crescere. Immagina di sederti in un luogo tranquillo, chiudere gli occhi e concentrarti sul respiro. Ogni inspirazione e ogni espirazione diventano un ancoraggio al momento presente, permettendoti di ascoltare il sussurro del tuo spirito.

In questo spazio di consapevolezza, puoi iniziare a esplorare le emozioni che emergono. Le emozioni sono messaggeri tra la psiche e l'anima, e ascoltarle con attenzione può rivelare verità nascoste. Quando un'emozione sorge, non respingerla. Accoglila con gentilezza e chiediti cosa sta cercando di insegnarti. Forse è un invito a lasciar andare vecchi schemi di pensiero o a coltivare nuove prospettive.

Un altro strumento potente è la **meditazione guidata**. Attraverso visualizzazioni e affermazioni, puoi rafforzare la connessione tra mente e spirito, creando uno spazio sacro dove entrambi possono esprimersi liberamente. Immagina di camminare lungo un sentiero dorato, guidato da una luce interiore che illumina il tuo cammino. Ogni passo ti avvicina a una maggiore consapevolezza e a una più profonda pace interiore.

Infine, ricorda che l'equilibrio non è una destinazione, ma un processo continuo. Ci saranno giorni in cui ti sentirai più connesso e altri in cui la disarmonia sembrerà prevalere. In quei momenti, torna al respiro, alla meditazione e alla tua pratica di mindfulness. Ogni sforzo che fai per nutrire questa connessione è un passo verso una vita più piena e significativa.

In questo viaggio, sii gentile con te stesso. Abbraccia la tua unicità e celebra ogni piccolo progresso. L'armonia tra mente e spirito è un dono prezioso, un riflesso della tua essenza più autentica. E mentre continui a camminare su questo sentiero, ricorda che non sei mai solo. L'universo intero cammina con te, sostenendoti e guidandoti verso la tua verità più profonda.

## Integrare le pratiche nella vita quotidiana

Incorporare le pratiche di psicologia e spiritualità nella vita di tutti i giorni può sembrare un compito arduo, ma con un approccio graduale e consapevole, diventa un viaggio trasformativo e arricchente. Iniziamo con il concetto di **consapevolezza**. Essere consapevoli significa essere presenti nel momento, osservando senza giudizio le proprie emozioni e pensieri. Un modo efficace per coltivare questa consapevolezza è attraverso la **mindfulness**. Ogni giorno, dedica qualche minuto a sederti in silenzio, concentrandoti sul tuo respiro. Nota come l'aria entra ed esce dai tuoi polmoni, e lascia che i pensieri fluiscano senza attaccarti ad essi.

Un altro aspetto fondamentale è l'**integrazione delle emozioni**. Spesso, nella frenesia quotidiana, tendiamo a reprimere o ignorare i nostri sentimenti. Invece, prova a riconoscerli e accettarli. Quando ti senti sopraffatto, fermati un attimo e chiediti: "Cosa sto provando in questo momento?" Identificare le emozioni è il primo passo verso la loro gestione. Puoi tenere un **diario delle emozioni**, scrivendo ogni sera ciò che hai provato durante il giorno.

La **meditazione guidata** è un altro strumento potente per integrare la pratica spirituale nella tua routine. Esistono molte risorse online, come podcast e video, che possono aiutarti a iniziare. Trova un momento del giorno che ti è comodo e dedicati a questa pratica. Anche solo dieci minuti al giorno possono fare una grande differenza nel tuo benessere mentale e spirituale.

Non dimenticare l'importanza del **movimento consapevole**. Attività come lo yoga o il tai chi non solo migliorano la flessibilità e la forza fisica, ma promuovono anche una connessione più profonda tra mente e corpo. Quando pratichi, concentrati sul movimento del tuo corpo e su come ti senti. Lascia che ogni movimento sia un atto di presenza.

Infine, coltiva il **silenzio interiore**. In un mondo pieno di rumori e distrazioni, trovare momenti di silenzio può essere rigenerante. Spegni il telefono, trova un angolo tranquillo e semplicemente **ascolta**. Questo silenzio ti aiuterà a connetterti con il tuo io interiore e a sentire la voce della tua anima.

Ricorda, l'armonia tra mente e anima non si

raggiunge dall'oggi al domani. È un cammino fatto di piccoli passi e scoperte quotidiane. Sii paziente con te stesso e celebra ogni progresso, per quanto piccolo possa sembrare. Ogni pratica, ogni momento di consapevolezza, ti avvicina sempre di più al tuo vero sé.

## Coltivare la gratitudine e la presenza

La pratica della **gratitudine** è uno strumento potente per trasformare la nostra percezione del mondo e migliorare il nostro benessere interiore. In un mondo frenetico, dove spesso ci concentriamo su ciò che manca, coltivare la gratitudine ci permette di spostare l'attenzione verso ciò che abbiamo già e apprezzarlo appieno. Questo cambiamento di prospettiva non solo ci rende più felici, ma può anche rafforzare le nostre relazioni e migliorare la nostra salute mentale.

Per iniziare a coltivare la gratitudine, è utile dedicare qualche minuto ogni giorno a riflettere su ciò per cui siamo grati. Può trattarsi di piccoli dettagli come il sorriso di uno sconosciuto, il calore del sole sulla pelle o un momento di tranquillità. Scrivere queste riflessioni in un diario può aiutare a consolidare questa pratica e a renderla una parte integrante della nostra routine quotidiana.

Un altro aspetto fondamentale è la **presenza**.

Essere presenti significa vivere nel momento, senza rimuginare sul passato o preoccuparsi eccessivamente del futuro. La presenza ci permette di vivere ogni istante con pienezza e consapevolezza, aumentando la nostra capacità di apprezzare ciò che accade intorno a noi. Per sviluppare la presenza, possiamo praticare la **mindfulness**, concentrandoci su semplici attività quotidiane come mangiare, camminare o respirare, prestando attenzione a ogni dettaglio.

Un esercizio pratico di mindfulness consiste nel dedicare alcuni minuti al giorno a osservare il proprio respiro. Seduti comodamente, chiudiamo gli occhi e portiamo l'attenzione al flusso naturale del respiro, sentendo l'aria che entra e esce dal corpo. Quando la mente inizia a vagare, riportiamo gentilmente l'attenzione al respiro, senza giudizio. Questa pratica semplice ma potente ci aiuta a sviluppare la capacità di rimanere presenti e centrati.

Coltivare la gratitudine e la presenza non significa ignorare le difficoltà o le emozioni negative, ma piuttosto affrontarle con una mente aperta e un cuore grato. Quando ci troviamo di fronte a una sfida, possiamo chiederci: "Cosa posso imparare da questa esperienza?" o "Come posso trovare un aspetto positivo in questa situazione?". Questo approccio ci permette di trasformare le avversità in opportunità di crescita e di mantenere un atteggiamento positivo e resiliente.

Infine, ricordiamo che la pratica della gratitudine e della presenza è un viaggio continuo. Non esiste un punto di arrivo, ma piuttosto un processo di scoperta e crescita personale. Con pazienza e dedizione, possiamo sviluppare una maggiore consapevolezza di noi stessi e del mondo che ci circonda, avvicinandoci sempre di più a quell'armonia tra mente e anima che è il cuore del nostro percorso.

## Costruire una routine per il benessere olistico

Iniziare a costruire una **routine per il benessere olistico** richiede un approccio delicato e consapevole, che tenga conto delle esigenze individuali di ciascuno di noi. La chiave è integrare pratiche che nutrano sia il corpo che la mente, in modo da creare un equilibrio armonioso tra i due.

Un primo passo fondamentale è dedicare del tempo alla **riflessione personale**. Ogni mattina, prima di immergersi nelle attività quotidiane, prenditi qualche minuto per sederti in silenzio e riflettere su come ti senti. Questa pratica semplice ma potente ti aiuta a connetterti con il tuo stato interiore e a identificare eventuali tensioni o preoccupazioni che potrebbero influenzare la tua giornata.

Integrare la **mindfulness** nella tua routine

quotidiana può fare una grande differenza. La mindfulness ti invita a vivere il momento presente con piena consapevolezza, senza giudizio. Puoi iniziare con esercizi di respirazione consapevole, che non richiedono molto tempo ma offrono benefici immediati. Basta chiudere gli occhi, inspirare profondamente e concentrarsi sul flusso del respiro, lasciando andare pensieri e tensioni.

Un altro aspetto essenziale è la **cura del corpo**. Praticare attività fisica regolare è fondamentale per mantenere un buon equilibrio tra mente e corpo. Non è necessario impegnarsi in allenamenti intensi; anche una semplice passeggiata all'aria aperta può essere estremamente benefica. L'importante è muoversi, ascoltare il proprio corpo e rispettarne i bisogni.

La **meditazione** è un potente strumento per il benessere olistico. Dedica qualche minuto ogni giorno a questa pratica, scegliendo un luogo tranquillo dove puoi rilassarti completamente. Puoi seguire una meditazione guidata o semplicemente concentrarti sul tuo respiro, lasciando che la mente si calmi e si apra a nuove intuizioni.

Infine, non dimenticare l'importanza della **gratitudine**. Ogni sera, prima di andare a dormire, prendi un momento per riflettere sulle cose per cui sei grato. Può trattarsi di eventi della giornata, persone care o semplicemente piccoli momenti di gioia. Coltivare la gratitudine aiuta a mantenere una prospettiva positiva e a rafforzare la connessione tra mente e spirito.

Costruire una routine per il benessere olistico richiede tempo e pazienza, ma i benefici che ne derivano sono inestimabili. Ricorda che la chiave è ascoltare te stesso e adattare le pratiche alle tue esigenze personali, creando un equilibrio che ti permetta di vivere con maggiore consapevolezza e serenità.

# Parte IV: Verso l'Armonia

Nel cammino verso l'armonia tra mente e anima, ci troviamo spesso a riflettere su come bilanciare la nostra vita interiore con le sfide quotidiane. Immagina una giornata in cui tutto sembra scorrere in perfetta sincronia: la mente è lucida, il cuore è leggero, e ogni gesto appare naturale e senza sforzo. In queste rare occasioni, sperimentiamo una connessione profonda con noi stessi e con il mondo che ci circonda.

Ma come possiamo raggiungere questo stato di equilibrio più frequentemente? La chiave risiede nell'**integrazione consapevole** delle nostre esperienze mentali ed emotive. Inizia con un semplice esercizio di **mindfulness**: trova un luogo tranquillo, chiudi gli occhi e concentrati sul respiro. Osserva come l'aria entra ed esce dai polmoni, senza cercare di modificarne il ritmo. In questo momento di quiete, permetti alla tua mente di liberarsi dai pensieri frenetici, lasciando spazio a una nuova consapevolezza.

Durante il nostro viaggio verso l'armonia, incontriamo inevitabilmente ostacoli. Questi possono manifestarsi sotto forma di stress, ansia o conflitti interiori. È essenziale affrontare questi blocchi con un approccio che unisca la psicologia alla spiritualità. Quando ci troviamo di fronte a un'emozione difficile, come la paura o la rabbia, possiamo vederla come un'opportunità per crescere. Chiediti: cosa mi sta insegnando questa emozione? Qual è il messaggio nascosto che posso scoprire?

Una storia che illustra bene questo concetto è quella di Luca, un uomo che, nonostante il successo professionale, sentiva un vuoto interiore. Attraverso la pratica della meditazione e della riflessione, Luca ha imparato a **trasformare il dolore** in un percorso di crescita personale. Ha scoperto che ogni emozione negativa è come un'onda: se resistiamo, ci travolge; se invece impariamo a cavalcarla, ci porta verso nuove rive di comprensione e serenità.

Infine, ricorda che l'armonia non è un traguardo da raggiungere, ma un viaggio continuo. Ogni giorno offre l'opportunità di avvicinarsi un po' di più a quel punto di equilibrio tra mente e anima. Sii gentile con te stesso, accogli ogni passo, ogni caduta, come parte integrante del tuo cammino.

In questo viaggio, non sei solo. Le esperienze di coloro che hanno percorso questa strada prima di te possono diventare fari che illuminano la tua via. Condividi le tue scoperte, ascolta le storie degli altri e lasciati ispirare dalla bellezza del viaggio stesso. Ricorda, l'**armonia** è alla portata di chiunque abbia il coraggio di intraprendere il primo passo. E quel passo, per quanto piccolo, può trasformare la tua vita in modi che non avresti mai immaginato.

# Capitolo 10:

## Testimonianze di trasformazione personale

In un piccolo villaggio ai piedi delle Alpi, viveva una donna di nome Anna. Fin da giovane, Anna sentiva una profonda connessione con la natura, ma dentro di lei c'era un tumulto interiore che non riusciva a comprendere. La sua vita era scandita da una routine apparentemente tranquilla, ma una costante inquietudine le impediva di trovare pace. Un giorno, durante una passeggiata nei boschi, incontrò un anziano saggio, noto nella comunità per la sua saggezza e conoscenza delle arti spirituali.

L'anziano, vedendo la sua espressione turbata, le chiese cosa la preoccupasse. Anna, inizialmente riluttante, iniziò a raccontare delle sue lotte interiori, delle sue paure e del suo desiderio di trovare un equilibrio tra la mente e l'anima. L'anziano ascoltò pazientemente e poi le disse: "Il tuo viaggio verso l'armonia è già iniziato, Anna. Ogni passo che fai, ogni respiro che prendi, ti avvicina alla tua verità interiore. La chiave è **ascoltare** e **fidarti** della tua intuizione."

Anna iniziò a seguire i consigli dell'anziano, dedicandosi ogni giorno a pratiche di **mindfulness** e meditazione. Scoprì che, attraverso il silenzio e la riflessione, poteva esplorare i suoi pensieri e le sue emozioni in modo più profondo. Un giorno, mentre meditava, ebbe una visione: un ponte che collegava due sponde di un fiume impetuoso. Capì che quel ponte rappresentava il suo viaggio personale, il cammino che univa la sua mente analitica al suo cuore spirituale.

Con il tempo, Anna iniziò a notare cambiamenti significativi nella sua vita. Le sue relazioni migliorarono, e il suo lavoro, che prima le sembrava privo di significato, divenne una fonte di ispirazione. Scoprì che, affrontando le sue paure e accettando le sue emozioni, poteva trasformare il dolore in crescita. La sua storia divenne un faro di speranza per molti nel villaggio, che iniziarono a cercare il loro percorso verso l'armonia interiore.

Un giorno, mentre camminava lungo il sentiero che l'aveva condotta all'anziano, Anna si fermò e guardò il cielo. Sentì una profonda pace, una sensazione di completezza che non aveva mai provato prima. Realizzò che il viaggio verso l'armonia non era una meta, ma un processo continuo di scoperta e crescita. Con un sorriso, si voltò e tornò al villaggio, pronta a condividere la sua esperienza con chiunque fosse disposto ad ascoltare.

Le testimonianze di trasformazione personale, come quella di Anna, ci insegnano che la **connessione tra psicologia e spiritualità** è una forza potente che può guidarci verso una vita più ricca e significativa. Ogni storia è un invito a esplorare il nostro mondo interiore, a trovare il nostro equilibrio e a vivere con **autenticità** e **consapevolezza**.

## Storie di chi ha trovato equilibrio tra mente e spirito

In un mondo sempre più frenetico, trovare un equilibrio tra mente e spirito può sembrare una sfida insormontabile. Tuttavia, ci sono storie di persone che, attraverso un percorso di crescita personale e introspezione, sono riuscite a raggiungere una **profonda armonia interiore**. Queste testimonianze non solo ispirano, ma offrono anche preziosi spunti su come affrontare il proprio cammino.

Prendiamo ad esempio Giulia, una giovane donna che ha sempre vissuto con una costante sensazione di ansia e insoddisfazione. Dopo anni di tentativi falliti di trovare pace attraverso metodi tradizionali, ha deciso di esplorare la meditazione e la mindfulness. Attraverso la pratica costante, Giulia ha scoperto che la chiave per il suo benessere era **ascoltare il suo cuore** e non solo la sua mente. Oggi, Giulia vive con maggiore serenità, avendo imparato a gestire le sue emozioni attraverso tecniche di respirazione consapevole e riflessione quotidiana.

Un altro esempio è Marco, un dirigente d'azienda che ha sempre dato priorità al lavoro rispetto alla sua vita personale. Dopo un episodio di burnout, Marco ha iniziato a esplorare la spiritualità come mezzo per ritrovare equilibrio. Ha partecipato a ritiri di meditazione e ha studiato la psicologia del profondo, scoprendo che il suo successo esteriore non poteva compensare un **vuoto interiore**. Attraverso questo percorso, Marco ha imparato a dare spazio alla sua anima, integrando pratiche spirituali nella sua routine quotidiana.

Infine, c'è la storia di Anna, una madre di due figli che si è sempre sentita divisa tra i suoi doveri familiari e il desiderio di realizzazione personale. Anna ha trovato ispirazione in letture su psicologia e spiritualità, iniziando un diario delle emozioni quotidiane. Questo semplice esercizio le ha permesso di riconoscere i momenti di disconnessione tra mente e spirito e di lavorare attivamente per **riconnettersi** con se stessa. Oggi, Anna è un esempio di come l'equilibrio possa essere raggiunto, anche nelle situazioni più impegnative.

Queste storie dimostrano che, indipendentemente dalle circostanze, è possibile trovare un equilibrio tra mente e spirito. È un viaggio che richiede **consapevolezza e impegno**, ma che porta a una vita più piena e soddisfacente. Lasciati ispirare da queste esperienze e ricorda che il primo passo verso l'armonia è spesso il più difficile, ma anche il più gratificante.

## Le lezioni più importanti apprese

Durante il mio percorso di esplorazione interiore, ho appreso alcune lezioni fondamentali che desidero condividere con voi, care lettrici e cari lettori. Queste lezioni non sono solo il frutto di studi teorici, ma anche di esperienze vissute, di momenti di riflessione profonda e di incontri significativi con persone che, come me, sono in cammino verso l'armonia tra mente e anima.

Una delle prime lezioni apprese è che **la consapevolezza è il primo passo verso la trasformazione**. Spesso viviamo le nostre giornate in modo automatico, senza renderci conto delle emozioni e dei pensieri che ci attraversano. È fondamentale fermarsi, ascoltare il proprio respiro e osservare ciò che accade dentro di noi. Questa pratica semplice, ma potente, può aprire le porte a una maggiore comprensione di sé e del proprio mondo interiore.

# Capitolo 11:

# La via dell'armonia

Immagina di camminare lungo un sentiero di montagna, dove ogni passo ti avvicina sempre più alla vetta. Questo sentiero rappresenta il tuo viaggio verso l'**armonia interiore**, un cammino che richiede tempo, pazienza e consapevolezza. La via dell'armonia non è una strada dritta e priva di ostacoli, ma piuttosto un percorso che si snoda attraverso vallate di emozioni, boschi di pensieri e panorami di intuizioni.

Nel cuore di questo viaggio, troviamo la necessità di **equilibrare mente e spirito**. La mente, con la sua natura analitica, spesso cerca di controllare ogni aspetto della nostra vita, mentre lo spirito ci invita a lasciarci andare, a fidarci del flusso naturale dell'esistenza. È in questo equilibrio che risiede la vera armonia. Non si tratta di sopprimere i pensieri razionali, ma di **integrare** la saggezza del cuore con la logica della mente.

Un giorno, durante una passeggiata in un parco, ho incontrato una donna che sembrava persa nei suoi pensieri. Le ho chiesto cosa la preoccupasse e lei mi ha raccontato di sentirsi divisa tra le sue responsabilità quotidiane e il desiderio di esplorare la sua spiritualità. Le ho suggerito un semplice esercizio di **mindfulness**: concentrarsi sul respiro, sentire l'aria entrare e uscire dai polmoni, e lasciare che i pensieri fluiscano senza giudicarli. Dopo qualche minuto, il suo viso si è rilassato e mi ha ringraziato per averle ricordato quanto possa essere potente il semplice atto di respirare consapevolmente.

Questo episodio mi ha fatto riflettere su come spesso ci dimentichiamo di fermarci e ascoltare noi stessi. Viviamo in un mondo frenetico, dove il tempo sembra sfuggirci di mano. Eppure, è proprio in quei momenti di quiete che possiamo riscoprire il nostro **centro**. La via dell'armonia ci invita a creare uno spazio sacro all'interno della nostra routine, un rifugio dove possiamo ritirarci per ricaricare le nostre energie e riconnetterci con la nostra essenza.

Alla fine della giornata, quando il sole tramonta e il cielo si tinge di colori caldi, prenditi un momento per riflettere su ciò che hai imparato. Lascia che le esperienze del giorno si sedimentino nel tuo cuore, come foglie che si posano dolcemente su un lago tranquillo. Ricorda che l'armonia non è una destinazione, ma un **processo continuo** di scoperta e crescita. Ogni giorno è un'opportunità per avvicinarti un po' di più a quella vetta interiore, dove mente e spirito danzano insieme in perfetta sincronia.

# Riassumere i concetti chiave

Nel nostro viaggio verso l'armonia tra mente e anima, è fondamentale **comprendere i concetti chiave** che fungono da pilastri per una crescita personale e spirituale integrata. In questo capitolo, ci concentreremo su alcuni di questi concetti, che sono essenziali per navigare tra psicologia e spiritualità.

Innanzitutto, riconosciamo l'importanza della **consapevolezza**. Essere consapevoli significa essere presenti nel momento, riconoscere i propri pensieri ed emozioni senza giudizio. La consapevolezza ci permette di osservare la nostra mente razionale e il nostro cuore spirituale come due parti di un unico sistema, favorendo l'integrazione tra i due.

Un altro concetto fondamentale è l'**equilibrio**. Vivere in equilibrio significa trovare un'armonia tra le esigenze della mente e quelle dell'anima. Questo equilibrio si raggiunge attraverso pratiche che nutrono sia l'aspetto mentale che quello spirituale, come la meditazione e il mindfulness. Queste pratiche ci aiutano a bilanciare le emozioni e a connetterci con il nostro sé più profondo.

La **trasformazione personale** è un ulteriore elemento chiave. Il cambiamento non è solo inevitabile, ma è anche desiderabile quando ci avvicina alla nostra vera essenza. La trasformazione avviene quando superiamo i blocchi emotivi e abbracciamo nuove prospettive, permettendo alla nostra energia spirituale di fluire liberamente.

Un altro aspetto cruciale è il **potere dell'intuizione**. L'intuizione è la voce dell'anima, una guida interiore che ci orienta verso ciò che è autentico e vero per noi. Coltivare l'intuizione significa ascoltare con attenzione i messaggi che emergono dal nostro subconscio e fidarci del nostro sentire interiore.

Infine, parliamo di **autenticità**. Essere autentici significa vivere in accordo con i nostri valori e desideri più profondi. L'autenticità è il punto di convergenza tra mente e spirito, dove le nostre azioni riflettono la nostra vera natura. Quando siamo autentici, ci sentiamo in pace con noi stessi e con il mondo che ci circonda.

Questi concetti chiave ci offrono una mappa per navigare con successo il nostro percorso di crescita personale e spirituale. Attraverso la consapevolezza, l'equilibrio, la trasformazione, l'intuizione e l'autenticità, possiamo avvicinarci sempre di più all'armonia tra mente e anima, vivendo una vita più piena e significativa.

## Il potere dell'intenzione e della costanza

Nel nostro viaggio verso l'armonia interiore, due

elementi fondamentali emergono come guide preziose: **l'intenzione** e **la costanza**. Questi due concetti, apparentemente semplici, possiedono un potere straordinario nel plasmare la nostra realtà e nel guidarci verso una vita più equilibrata e consapevole.

Partiamo dall'**intenzione**. Essa rappresenta il seme di ogni nostra azione, il punto di partenza da cui si diramano le nostre scelte e i nostri comportamenti. Avere un'intenzione chiara significa sapere esattamente cosa desideriamo raggiungere, non solo a livello materiale, ma anche e soprattutto a livello spirituale e psicologico. Quando ci poniamo un'intenzione, stiamo inviando un messaggio all'universo e a noi stessi, dichiarando la nostra volontà di trasformazione. È importante che questa intenzione sia autentica e risuoni profondamente con il nostro vero io.

Spesso, nella frenesia della vita quotidiana, dimentichiamo di fermarci a riflettere su quali siano le nostre vere intenzioni. Eppure, dedicare del tempo a questa riflessione può fare la differenza tra una vita vissuta passivamente e una vita vissuta con consapevolezza e scopo. Un esercizio utile è quello di scrivere le proprie intenzioni su un diario, rivedendole e rinnovandole periodicamente per mantenerle vive e presenti.

Accanto all'intenzione, troviamo la **costanza**. Se l'intenzione è il seme, la costanza è il nutrimento che permette a quel seme di crescere e fiorire. È la perseveranza che ci guida giorno dopo giorno, anche quando le sfide sembrano insormontabili e la motivazione vacilla. La costanza è ciò che trasforma le intenzioni in realtà tangibili, che ci permette di avanzare un passo alla volta verso i nostri obiettivi.

Essere costanti non significa essere rigidi o inflessibili, ma piuttosto mantenere un impegno gentile e amorevole verso noi stessi. Significa accettare che ci saranno giorni in cui ci sentiremo meno motivati, e che va bene così. In quei momenti, è utile ricordare il perché delle nostre intenzioni, il significato profondo che le sostiene, e ritrovare la forza per continuare.

In conclusione, l'intenzione e la costanza sono due alleati inseparabili nel nostro cammino verso l'armonia tra mente e anima. Coltivare l'intenzione con chiarezza e nutrirla con costanza ci permette di trasformare la nostra vita in un'opera d'arte, un riflesso autentico e luminoso del nostro essere più profondo. Ricordiamoci di celebrare ogni piccolo progresso, di essere gentili con noi stessi, e di continuare a camminare con fiducia e apertura verso il nostro destino. L'armonia è un viaggio, non una destinazione, e ogni passo compiuto con intenzione e costanza ci avvicina sempre di più a essa.

## Come continuare il proprio percorso di crescita

Proseguire nel proprio cammino di crescita personale e spirituale richiede **dedizione** e **consapevolezza**. È fondamentale ricordare che ogni passo, per quanto piccolo, contribuisce al nostro benessere complessivo. Iniziamo con l'importanza di **mantenere una pratica costante**. La crescita non è un evento unico, ma un processo continuo che richiede impegno quotidiano. Dedica del tempo ogni giorno a pratiche che ti aiutano a connetterti con te stesso, come la **meditazione** o la **mindfulness**.

Un altro aspetto cruciale è la **riflessione**. Prenditi un momento per riflettere su ciò che hai imparato finora. Quali cambiamenti hai notato in te stesso? Come puoi applicare queste lezioni nel tuo quotidiano? Tenere un **diario delle emozioni** può essere un ottimo strumento per monitorare i tuoi progressi e identificare aree che necessitano di maggiore attenzione.

Non sottovalutare il potere della **comunità**. Circondarsi di persone che condividono i tuoi stessi interessi e valori può fornire supporto e ispirazione. Partecipa a gruppi o incontri dedicati alla crescita personale e spirituale, dove puoi condividere esperienze e apprendere dagli altri.

È importante anche **affrontare le sfide** con una mentalità aperta. Le difficoltà fanno parte del percorso e possono offrire preziose opportunità di apprendimento. Invece di evitarle, cerca di comprenderle e trasformarle in occasioni di crescita. Ricorda che ogni sfida superata rafforza la tua capacità di affrontare le successive.

Infine, **celebra i tuoi successi**. Riconoscere e celebrare i progressi, per quanto piccoli, è fondamentale per mantenere alta la motivazione. Ogni passo avanti è un passo verso l'armonia tra mente e anima.

Il viaggio verso la crescita personale e spirituale è unico per ognuno di noi. Non esiste un'unica strada giusta, ma molteplici percorsi che possono condurci all'armonia interiore. Ascolta il tuo cuore e la tua intuizione, e segui il cammino che risuona di più con la tua essenza. Ricorda che il viaggio è altrettanto importante quanto la meta, e che ogni momento è un'opportunità per crescere e trasformarsi.

# Conclusione

Nel concludere questo viaggio esplorativo tra **psicologia e spiritualità**, mi viene in mente un'immagine: quella di un ponte sospeso tra due mondi apparentemente distanti, ma che in realtà si sostengono a vicenda. Ogni passo che abbiamo compiuto in questo libro rappresenta un tassello per costruire quel ponte, unendo la nostra **mente razionale** con l'**anima intuitiva**. È un percorso che non ha una fine precisa, ma che ci invita a continuare a esplorare, a crescere e a trasformarci.

Immagina di trovarti in un giardino. A un lato c'è un sentiero ben definito, rappresentante la psicologia, con le sue teorie e i suoi metodi analitici. All'altro lato, un percorso più selvaggio e meno prevedibile, simbolo della spiritualità, ricco di intuizioni e misteri. Entrambi i sentieri conducono allo stesso centro, un luogo di **armonia interiore** dove mente e spirito si incontrano.

In questo spazio di integrazione, le **emozioni** non sono più viste come ostacoli, ma come **ponti** che ci collegano al nostro sé più profondo. Abbiamo imparato a utilizzare pratiche come la **mindfulness** e la **meditazione** per navigare tra i flussi emotivi, trasformando il dolore in opportunità di crescita. Ogni esercizio proposto è stato un invito a fermarsi, ascoltare e riflettere, permettendoci di scoprire risorse interiori che forse non sapevamo di possedere.

È importante ricordare che questo cammino verso l'armonia è **personale** e unico per ciascuno di noi. Non esistono regole fisse o percorsi predefiniti. La vera sfida è trovare la nostra strada, quella che risuona con il nostro essere autentico. In questo senso, la **consapevolezza** diventa un faro che illumina il nostro viaggio, guidandoci anche nei momenti di incertezza.

Ora, mentre chiudi questo libro, ti invito a portare con te le riflessioni e le scoperte che hai fatto. Lascia che esse si intreccino con la tua vita quotidiana, arricchendo le tue esperienze e relazioni. Ricorda che la ricerca dell'armonia tra mente e anima non è un traguardo, ma un **processo continuo**, un viaggio che si rinnova ogni giorno con nuove sfide e nuove gioie.

Ringrazio di cuore tutti coloro che hanno accompagnato questo progetto, offrendo ispirazione e supporto inestimabili. Che il tuo cammino sia sempre illuminato dalla luce della **consapevolezza** e della **compassione**, e che tu possa trovare sempre pace e armonia dentro di te.

## Il viaggio non finisce mai

Il viaggio verso l'armonia tra mente e anima è un cammino che, per sua natura, non conosce una vera e propria conclusione. Ogni passo che facciamo ci avvicina a una maggiore comprensione di noi stessi e del nostro mondo interiore, ma c'è sempre qualcosa di nuovo da scoprire, un ulteriore strato da esplorare. In questo percorso, è fondamentale ricordare che **l'apprendimento è continuo** e che ogni esperienza, positiva o negativa, contribuisce alla nostra crescita.

La bellezza del viaggio risiede nel suo carattere dinamico e imprevedibile. Non possiamo sempre controllare le circostanze esterne, ma possiamo scegliere come rispondere ad esse. È qui che la pratica della **mindfulness** e della meditazione diventa essenziale: ci aiuta a rimanere presenti, a vivere nel momento e a non farci sopraffare da pensieri e emozioni che potrebbero distoglierci dal nostro obiettivo di equilibrio interiore.

Inoltre, il viaggio verso l'armonia non è mai solitario. Anche se può sembrare un'esplorazione individuale, in realtà è profondamente connesso con gli altri. Le relazioni che instauriamo, le persone che incontriamo e le storie che ascoltiamo arricchiscono il nostro cammino. Ogni incontro è un'opportunità di apprendimento e riflessione, un invito a vedere il mondo da una prospettiva diversa.

È importante, durante questo viaggio, **mantenere la mente aperta** e coltivare la curiosità. Non fermarsi mai alle prime impressioni, non accontentarsi delle risposte facili. La vera crescita avviene quando ci permettiamo di esplorare l'ignoto, di mettere in discussione le nostre convinzioni e di accogliere il cambiamento come parte integrante della nostra evoluzione personale.

Infine, il viaggio verso l'armonia tra mente e anima richiede anche un certo grado di **compassione verso se stessi**. È facile essere critici e severi nei confronti dei nostri errori e delle nostre imperfezioni, ma è essenziale ricordare che siamo esseri umani in continua trasformazione. Accettare le nostre fragilità e celebrare i nostri successi, per quanto piccoli, ci aiuta a costruire una base solida di autostima e fiducia in noi stessi.

Concludendo, il viaggio non finisce mai perché è parte integrante della nostra esistenza. Ogni giorno è un'opportunità per crescere, per imparare e per avvicinarci un po' di più all'armonia che cerchiamo. Con pazienza, dedizione e amore, possiamo trasformare il nostro cammino in un'esperienza di bellezza e scoperta continua.

## Riflessioni finali per ispirare il lettore

Giunti al termine di questo viaggio, è importante ricordare che la **crescita personale** e spirituale è un percorso continuo, un sentiero che non ha una vera e propria destinazione finale, ma che ci invita a esplorare e a scoprire sempre nuove dimensioni di noi stessi. La connessione tra **psicologia e spiritualità** ci offre una mappa per navigare nel nostro mondo interiore, unendo la razionalità della mente all'intuizione dell'anima.

Ogni giorno rappresenta un'opportunità per applicare i concetti e le pratiche apprese in questo libro. Sia che si tratti di un momento di **mindfulness** durante una passeggiata, di una meditazione guidata al mattino, o di un semplice esercizio di respirazione consapevole, ogni piccolo passo ci avvicina a uno stato di maggiore **equilibrio** e serenità.

È normale incontrare ostacoli lungo il cammino. Le sfide e i blocchi emotivi sono parte integrante del processo di trasformazione. Tuttavia, con gli strumenti giusti, possiamo imparare a vedere queste difficoltà non come limiti, ma come opportunità di crescita. Ricorda che l'autenticità, il coraggio di essere noi stessi, è il vero punto di convergenza tra mente e spirito.

Vorrei incoraggiarti a **riflettere** su ciò che hai appreso e su come puoi integrare queste conoscenze nella tua vita quotidiana. Quali pratiche ti hanno ispirato di più? Quali concetti hanno risuonato con la tua esperienza personale? Prenditi del tempo per annotare le tue riflessioni e i tuoi progressi, magari tenendo un diario delle emozioni quotidiane che ti accompagni in questo viaggio.

Infine, non dimenticare l'importanza della **comunità** e del supporto reciproco. Condividere le proprie esperienze con altri che sono sullo stesso cammino può essere incredibilmente arricchente. Cerca gruppi di discussione, partecipa a webinar o ascolta podcast che possano offrirti nuove prospettive e stimoli.

La strada verso l'armonia tra mente e anima è una danza tra il conosciuto e l'ignoto, tra ciò che siamo e ciò che possiamo diventare. Che questo libro sia stato una guida utile nel tuo percorso e che tu possa continuare a esplorare con curiosità e apertura, consapevole che ogni passo è un passo verso una versione più autentica e completa di te stesso.

## Risorse Aggiuntive

Per chi desidera esplorare ulteriormente il meraviglioso incontro tra psicologia e spiritualità, ho raccolto alcune **risorse aggiuntive** che possono arricchire il vostro viaggio interiore. Queste risorse sono pensate per offrire supporto e ispirazione, aiutandovi a sviluppare una comprensione più profonda di voi stessi e del vostro mondo interiore.

Iniziamo con una selezione di **libri consigliati**. Questi testi offrono prospettive uniche e approfondite sui temi trattati nel nostro viaggio verso l'armonia tra mente e anima:

„**La via del benessere interiore**" di Marco Rossi
Un libro che esplora le connessioni tra emozioni e spiritualità, offrendo strumenti pratici per il miglioramento personale.

„**Mindfulness per la vita quotidiana**" di Sara Bianchi – Un'introduzione alla pratica della mindfulness, con esercizi semplici e accessibili per ridurre lo stress e aumentare la consapevolezza.

„**Il potere della meditazione**" di Giovanni Verdi – Un testo che guida il lettore attraverso diverse tecniche di meditazione, spiegandone i benefici per la mente e lo spirito.

Per chi preferisce un approccio più interattivo, consiglio di esplorare alcuni **podcast** e **webinar** che ho personalmente trovato illuminanti:

„**Dialoghi sull'anima**" – Un podcast che ospita esperti di psicologia e spiritualità, discutendo temi come l'autenticità e la crescita personale.

„**Meditazione in pratica**" – Un webinar settimanale che offre sessioni di meditazione guidata, perfette per chi cerca di integrare questa pratica nella propria routine quotidiana.

Infine, non posso non menzionare le **meditazioni guidate**, disponibili online, che possono essere un potente strumento per chi desidera approfondire la propria pratica meditativa. Consiglio di esplorare piattaforme come Insight Timer o Calm, che offrono una vasta gamma di meditazioni adatte a tutti i livelli di esperienza.

Queste risorse sono pensate per essere un complemento al vostro percorso di crescita personale. Ricordate che il viaggio verso l'armonia tra mente e anima è unico per ciascuno di noi, e queste risorse possono aiutarvi a trovare la vostra strada. Continuate a esplorare, a riflettere e a crescere, sempre con apertura e curiosità.

## Libri consigliati

In questo capitolo, desidero condividere con te una selezione di libri che considero fondamentali per chi è interessato a esplorare l'intersezione tra **psicologia** e **spiritualità**. Questi testi offrono prospettive uniche e approfondimenti che possono arricchire il tuo percorso di crescita personale e spirituale.

### Il potere del momento presente

Scritto da **Eckhart Tolle**, questo libro è una guida essenziale per comprendere l'importanza di vivere nel **qui e ora**. Tolle esplora come il nostro attaccamento al passato e le preoccupazioni per il futuro possano ostacolare la nostra pace interiore. Attraverso esempi pratici e riflessioni profonde, il lettore è invitato a riscoprire la bellezza del presente.

### L'arte della felicità

Un'opera di **Dalai Lama** e **Howard Cutler**, questo libro combina la saggezza antica del Dalai Lama con le intuizioni psicologiche moderne. Attraverso una serie di dialoghi e riflessioni, viene esplorato come la **compassione** e la **gentilezza** possano essere strumenti potenti per raggiungere una vita più felice e appagante.

## Psicologia e Alchimia

In questo testo, **Carl Gustav Jung** esplora il rapporto tra simbolismo alchemico e processi psicologici. Jung introduce il concetto di **inconscio collettivo** e archetipi, offrendo una prospettiva innovativa su come la nostra psiche possa essere influenzata da antichi simboli e miti. Un libro complesso ma illuminante per chi desidera approfondire la connessione tra mente e anima.

## Mindfulness: Essere consapevoli

Scritto da **Jon Kabat-Zinn**, questo libro è una guida pratica alla **mindfulness** e alla meditazione. Kabat-Zinn offre esercizi semplici ma efficaci per integrare la consapevolezza nella vita quotidiana, aiutando a ridurre lo **stress** e a migliorare il benessere generale.

## Il Tao della fisica

Un'opera di **Fritjof Capra**, che esplora le sorprendenti connessioni tra la fisica moderna e le antiche filosofie orientali. Capra dimostra come la **scienza** e la **spiritualità** possano coesistere armoniosamente, offrendo una visione integrata del mondo.

Questi libri rappresentano solo un punto di partenza nel vasto universo della psicologia e della spiritualità. Ti invito a esplorarli con mente aperta e cuore curioso, permettendo a ciascuno di essi di guidarti nel tuo personale viaggio verso l'armonia interiore.

## Podcast e video per approfondire

In un'epoca in cui la tecnologia ci offre innumerevoli strumenti per l'apprendimento e la crescita personale, i **podcast** e i **video** rappresentano una risorsa straordinaria per approfondire i temi della psicologia e della spiritualità. Questi mezzi ci permettono di accedere a contenuti di qualità, spesso gratuitamente, e di esplorare nuove prospettive comodamente da casa nostra o mentre siamo in movimento.

Il mondo dei **podcast** è vasto e variegato. Ci sono programmi che affrontano temi di psicologia, offrendo spunti di riflessione su come gestire le emozioni, migliorare il benessere mentale e sviluppare la consapevolezza interiore. Altri podcast si focalizzano sulla **spiritualità**, esplorando argomenti come la meditazione, la connessione con il sé superiore e la ricerca del significato della vita. Ascoltare queste conversazioni può essere un modo efficace per integrare nuove conoscenze nella nostra quotidianità.

Per chi preferisce un'esperienza visiva, i **video** sono un'opzione eccellente. Piattaforme come YouTube ospitano una miriade di canali dedicati alla crescita personale e spirituale. Qui, esperti e appassionati condividono le loro esperienze, tecniche di meditazione guidata, esercizi di mindfulness e molto altro. Guardare questi video può ispirarci a mettere in pratica ciò che apprendiamo, trasformando la teoria in azione concreta.

Un altro aspetto importante è la possibilità di seguire **webinar** e **seminari online**, che spesso offrono l'opportunità di interagire direttamente con gli esperti e porre domande. Questi eventi possono fornire una comprensione più profonda dei temi trattati e permetterci di connetterci con una comunità di persone che condividono i nostri stessi interessi.

Infine, è utile ricordare che la qualità dei contenuti è fondamentale. È importante scegliere fonti affidabili e autori che abbiano una comprovata esperienza nei campi della psicologia e della spiritualità. In questo modo, possiamo essere certi di ricevere informazioni accurate e utili per il nostro percorso di crescita personale.

In sintesi, i **podcast** e i **video** rappresentano

strumenti potenti per espandere la nostra conoscenza e approfondire la connessione tra mente e spirito. Sfruttando queste risorse, possiamo arricchire il nostro viaggio verso l'armonia interiore, integrando nuove idee e pratiche nella nostra vita quotidiana.

## Contatti e iniziative dell'autrice

Nel corso degli anni, ho avuto la fortuna di entrare in contatto con molte persone che condividono la mia passione per la crescita personale e l'integrazione tra **psicologia** e **spiritualità**. Questi incontri hanno arricchito non solo la mia vita professionale, ma anche il mio percorso personale. È con grande gioia che voglio condividere alcune delle iniziative e dei modi per rimanere in contatto con me e con la comunità che si è creata intorno a questi temi.

# Ringraziamenti

In questo momento di riflessione e gratitudine, desidero esprimere il mio più sincero ringraziamento a tutte le persone che hanno contribuito alla realizzazione di questo libro. Senza il loro supporto, la loro ispirazione e la loro guida, questo progetto non sarebbe stato possibile.

Un grazie speciale va ai miei **mentori** e insegnanti, che mi hanno guidato lungo il percorso della **scoperta interiore** e dell'integrazione tra psicologia e spiritualità. La vostra saggezza e il vostro incoraggiamento sono stati fondamentali per la mia crescita personale e professionale.

Un profondo senso di gratitudine va anche ai miei **amici** e colleghi, che hanno condiviso con me le loro esperienze e intuizioni. Le vostre storie e il vostro coraggio nel perseguire un cammino di crescita personale mi hanno ispirato a esplorare nuovi orizzonti e a mettere su carta le idee che hanno dato vita a questo libro.

Desidero ringraziare la mia **famiglia**, che mi ha sempre sostenuto in ogni fase del mio viaggio. La vostra fiducia e il vostro amore incondizionato mi hanno dato la forza e la determinazione necessarie per affrontare le sfide e celebrare i successi lungo il cammino.

Un pensiero speciale va ai miei **lettori**. Grazie per

aver scelto di intraprendere questo viaggio con me. La vostra curiosità e il vostro desiderio di esplorare la connessione tra mente e spirito sono la linfa vitale che anima questo libro. Spero che le pagine che avete letto vi abbiano offerto ispirazione e strumenti utili per il vostro cammino personale.

Infine, un ringraziamento va a tutti coloro che hanno lavorato dietro le quinte per rendere possibile la pubblicazione di questo libro. Dagli editori ai grafici, dai revisori ai promotori, ciascuno di voi ha giocato un ruolo cruciale nel portare questo progetto alla luce. La vostra professionalità e dedizione sono state una fonte di grande ispirazione per me.

Concludo con un augurio: che questo libro possa essere per voi una guida e una compagnia lungo il vostro viaggio verso l'**armonia interiore**. Che possiate trovare la **pace** e la **consapevolezza** che cercate, e che ogni passo che compirete vi avvicini sempre più alla vostra essenza più autentica. Grazie di cuore a tutti voi.

## Note e Indice dei soggetti

In questo capitolo, ci avviciniamo alla conclusione del nostro viaggio esplorativo attraverso i temi della psicologia e della spiritualità. Abbiamo navigato tra concetti complessi e pratiche quotidiane, cercando di creare un ponte tra la mente razionale e l'anima intuitiva. Ora, è il momento di riflettere su alcune **note** e di fornire un **indice dei soggetti** che possono guidarti ulteriormente nel tuo percorso di crescita personale.

Abbiamo discusso di come la **psicologia del profondo** possa offrire una comprensione più ricca del nostro subconscio, permettendoci di riconoscere e lavorare con gli archetipi spirituali che influenzano le nostre vite. Questa comprensione ci aiuta a svelare i **blocchi emotivi** e a trasformarli in opportunità di crescita.

La **mindfulness** è stata un tema ricorrente, presentata non solo come una pratica di consapevolezza, ma come un vero e proprio stile di vita che ci invita a vivere nel momento presente. Attraverso tecniche di **respirazione consapevole** e meditazione, possiamo coltivare uno stato di calma e apertura, essenziale per raggiungere un equilibrio tra mente e spirito.

Abbiamo anche esplorato il linguaggio dell'anima, scoprendo come la **meditazione** possa essere un potente strumento per il risveglio interiore. Le pratiche meditative ci conducono verso una maggiore connessione con il nostro sé autentico, favorendo la guarigione e la trasformazione.

Per chi desidera approfondire ulteriormente, il libro offre una **bibliografia suggerita** che include testi fondamentali e risorse aggiuntive come **link a meditazioni guidate**, podcast e webinar dell'autrice. Questi strumenti possono supportarti nel tuo viaggio verso l'armonia interiore.

Infine, ti incoraggio a tenere un **diario delle emozioni quotidiane**, uno strumento di autovalutazione che ti permetterà di riflettere sui momenti di disconnessione tra mente e spirito. Annotare le tue esperienze e riflessioni ti aiuterà a identificare schemi ricorrenti e a lavorare attivamente per superarli.

Il nostro viaggio non termina qui. La ricerca dell'armonia tra mente e anima è un percorso continuo, fatto di piccoli passi e grandi scoperte. Ricorda che la chiave è il **desiderio** di intraprendere il primo passo. Con la giusta guida e un cuore aperto, il cammino verso la pace interiore è alla portata di tutti.

## Glossario dei termini chiave

In questo glossario, troverai una raccolta di termini chiave che ti aiuteranno a comprendere meglio i concetti esplorati nel libro. La psicologia e la spiritualità sono campi vasti e complessi, e questa sezione è pensata per offrire chiarezza e approfondimento.

## Psicologia

Lo **studio scientifico della mente** e del comportamento umano. La psicologia esplora come pensiamo, sentiamo e agiamo, cercando di comprendere i processi mentali e emozionali.

## Spiritualità

Un **percorso personale** che porta alla ricerca di significato e connessione con qualcosa di più grande di noi. Non si limita a una religione specifica, ma abbraccia una vasta gamma di esperienze e pratiche.

## Meditazione

Una pratica che coinvolge tecniche di **concentrazione e attenzione** per calmare la mente e sviluppare la consapevolezza. È uno strumento potente per il benessere interiore.

## Mindfulness

L'arte di essere **presenti nel momento**, con un'attenzione non giudicante verso i propri pensieri, emozioni e sensazioni fisiche. È una pratica che aiuta a ridurre lo stress e a migliorare la qualità della vita.

## Archetipi

Simboli universali o **modelli di comportamento** che risiedono nel subconscio collettivo. Gli archetipi influenzano il nostro modo di pensare e agire, spesso senza che ce ne rendiamo conto.

## Subconscio

La parte della mente che opera al di sotto della nostra consapevolezza cosciente. Il **subconscio** immagazzina ricordi, desideri e credenze che possono influenzare il nostro comportamento e le nostre emozioni.

Intuizione

Una forma di **conoscenza immediata** che non deriva dal ragionamento logico. L'intuizione è spesso descritta come una sensazione viscerale o una comprensione istantanea.

## Energia spirituale

Una forza vitale che si crede pervada l'universo e che può essere **canalizzata** per la guarigione e la crescita personale.

## Equilibrio

Lo stato di **armonia** tra mente, corpo e spirito. L'equilibrio è fondamentale per il benessere e la felicità.

## Autenticità

Essere **fedeli a se stessi**, esprimendo la propria vera natura e valori senza paura del giudizio altrui.

Questi termini rappresentano solo una parte del vasto vocabolario che accompagna il viaggio tra psicologia e spiritualità. Man mano che approfondisci la lettura, potrai tornare a questo glossario per chiarire dubbi e arricchire la tua comprensione.

# Temi principali trattati nel libro

Nel nostro viaggio attraverso la connessione tra psicologia e spiritualità, ci imbattiamo in diversi **temi fondamentali** che ci guidano verso una comprensione più profonda di noi stessi. Uno di questi è il **rapporto tra mente razionale e anima intuitiva**. La nostra mente analitica spesso cerca di catalogare e comprendere attraverso la logica, mentre la nostra anima ci parla attraverso l'intuizione, i sentimenti e le sensazioni. Trovare un equilibrio tra questi due aspetti è essenziale per vivere in armonia.

Un altro tema centrale è l'importanza delle **emozioni come ponte** tra la psiche e l'anima. Le emozioni ci forniscono indizi preziosi sul nostro stato interiore e possono essere utilizzate come strumenti per la crescita personale. Riconoscere e accettare le nostre emozioni, senza giudicarle, ci permette di entrare in contatto con la nostra parte più autentica.

Le **pratiche di mindfulness** e meditazione giocano un ruolo cruciale nel nostro cammino verso il benessere interiore. Queste tecniche ci aiutano a rimanere presenti nel momento, riducendo lo stress e l'ansia. Attraverso la pratica costante, possiamo sviluppare una maggiore consapevolezza di noi stessi e del mondo che ci circonda.

Nel libro, esploriamo anche le **tecniche per bilanciare emozioni e spirito**. Queste includono esercizi di respirazione consapevole, visualizzazioni guidate e riflessioni quotidiane. Questi strumenti ci aiutano a coltivare una connessione profonda con il nostro sé interiore, favorendo un senso di pace e armonia.

Infine, affrontiamo il tema della **trasformazione personale**. Molte persone trovano difficile superare i blocchi emotivi che impediscono loro di progredire. Attraverso il potere dell'energia spirituale e delle pratiche di guarigione, è possibile trasformare il dolore in una fonte di crescita e liberazione. Questo processo richiede coraggio e impegno, ma i risultati possono essere profondamente trasformativi.

Questi temi, sebbene complessi, sono presentati in modo accessibile, con l'obiettivo di offrire al lettore strumenti pratici e riflessioni significative. Invitiamo il lettore a esplorare questi concetti con una mente aperta e un cuore curioso, pronto a intraprendere un viaggio di scoperta e crescita interiore. Alla fine, il vero scopo è quello di trovare la propria strada verso l'armonia tra mente e anima, un percorso che, sebbene personale, è arricchito dall'interconnessione di queste due dimensioni essenziali della nostra esistenza.

# Indice

**Introduzione** 13-15

Perché unire psicologia
e spiritualità? 15-17

L'importanza di una
visione olistica 17-19

Una guida pratica per
la crescita personale 19-21

**Parte I:** Fondamenti 23-24

**Capitolo 1:**
**La psicologia**
**dell'essere umano** 25-27

La mente razionale
e l'inconscio 27-29

Emozioni e pensieri:
come influenzano
la nostra realtà 29-31

Le basi del benessere
psicologico 31-32

**Capitolo 2:**
**La spiritualità spiegata** 33-35

Il significato della
spiritualità nella
vita moderna                          35-37

La connessione
con l'anima e l'universo              37-39

Spiritualità e religione:
somiglianze e differenze              39-41

**Capitolo 3:**
**I punti di incontro**
**tra psicologia**
**e spiritualità**                    42-44

Il potere della
consapevolezza                        44-45

La trasformazione
interiore attraverso
la mindfulness                        46-47

Come scienza e fede
collaborano per
il benessere                          48-49

**Parte II:**
Strumenti pratici
per l'integrazione                    50-51

**Capitolo 4:
Tecniche di
mindfulness e
meditazione** 52-54

Introduzione
alla mindfulness 54-55

Pratiche quotidiane
per calmare la mente 56-57

Meditazioni guidate
per connettersi con
il sé spirituale 58-59

**Capitolo 5:
Lavorare sulle emozioni
con l'energia spirituale** 60-62

Identificare e affrontare
le emozioni bloccate 62-64

Tecniche di rilascio
emotivo 64-65

Come il perdono guarisce
la mente e il cuore 66-67

**Capitolo 6:
Pratiche di journaling
per la crescita personale** 68-70

Scrivere per esplorare
la mente                                70-71

Domande guida per
entrare in contatto
con la propria anima                    72-74

Diario di gratitudine:
uno strumento trasformativo             74-75

**Parte III:**
Trasformazione e Crescita               76-78

**Capitolo 7:**
**L'autenticità:**
**essere sé stessi senza paura**        79-81

Comprendere il vero sé                  81-83

Superare i
condizionamenti sociali                 83-84

Vivere una vita in linea
con i propri valori                     84-86

**Capitolo 8:**
**Superare i blocchi e**
**abbracciare**
**il cambiamento**                      87-89

Come riconoscere i
blocchi psicologici
e spirituali                            89-91

Strumenti per trasformare
il dolore in crescita                91-93

L'importanza della
resilienza e della fede            93-94

**Capitolo 9:**
**Creare un equilibrio**
**tra mente e spirito**              95-97

Integrare le pratiche
nella vita quotidiana              97-99

Coltivare la gratitudine
e la presenza                          99-101

Costruire una routine
per il benessere olistico         101-103

**Parte IV:** Verso l'Armonia       104-105

**Capitolo 10:**
**Testimonianze di**
**trasformazione personale**     106-108

Storie di chi ha trovato
equilibrio tra mente e spirito        108-110

Le lezioni più
importanti apprese                    110

**Capitolo 11:**
**La via dell'armonia**               111-112

Riassumere i concetti chiave          113-114

Il potere dell'intenzione
e della costanza                      114-116

Come continuare
il proprio percorso
di crescita                           117-118

**Conclusione**                       119-120

Il viaggio non
finisce mai                           120-122

Riflessioni finali
per ispirare il lettore               122-124

Risorse Aggiuntive                    124-126

Libri consigliati                     126-128

Podcast e video
per approfondire                128-130

Contatti e iniziative
dell'autrice                    130

**Ringraziamenti**              131-132

**Note e Indice
dei soggetti**                  133-134

Glossario dei termini
chiave                          134-137

Temi principali trattati
nel libro                       138-139